はじめに

私が美容の仕事をさせていただくようになって、
かれこれ10年ぐらいになります。
最近、つくづく思うのは、「あきらめなくて本当によかった」ということ。
結婚後、子供を育てながら始めた仕事ですので、
常に時間との闘いでした。いえ、過去形ではなく、
今もいっぱいいっぱいで、余裕とは遠い日々です。
そんな中、少しずつながらも「キレイ」を追求して、
研究と工夫を重ねてきたことが今につながっているように思います。
そして、続けているからこそ、さらにチャレンジしたいことが
次から次へと出てきます。
若いころよりむしろ、今のほうが「可能性がある！」と、

前向きな気持ちがわいてくるから不思議です。
人生は長いようで短いもの。
やりたいと思ったことはあきらめないで、今日からスタートしてください。
私自身も、「毎日がスタート」です。
『ザ・十和子本』には、私のそんな気持ちと、
試行錯誤して習得してきた美容の方法をギュッとつめ込みました。
マッサージ、メイク、ヘアアレンジは実際の動きを見ていただくのが
一番わかりやすいので、ＤＶＤにも収録しています。
ぜひご覧ください。
忙しい時間の中で生きる女性、皆さまのお役に立ちますように。
皆さまの「キレイ」と「幸せ」が増えますように。

２００９年5月30日　君島十和子

十和子・美の聖句

美はエネルギー。
生きる力になり、
幸せや喜びを生み出します。

君島十和子

Contents

Towako's Basic DATA

君島十和子のベーシックデータ

占いデータ

午《うま》年・双子座 A型

干支は女としては強すぎると昔からいわれていた丙午《ひのえうま》。双子座らしい社交性は年齢を重ねるほど表面化。血液型的な基本性格は、自称、限りなくO型に近いA型

家族構成

夫、娘2人

夫は１歳年上。根が明るくておもしろい。長女はクールな頑張り屋さん。次女はまるで恋人のようにパパにラブラブ（今のところ）

誕生日

1966年5月30日（43歳）

父は会社員。母は専業主婦。出生時の体重4110ｇ。生まれた直後に目がパチリと開き、産科の医師が「こんなに長いまつ毛と長い指の赤ちゃんは見たことない」とコメント。３歳下の弟、10歳下の妹とともに、しっかり者の長女として育つ

Towako Kimijima

君島十和子

85年、
「JAL沖縄キャンペーンガール」として
モデルデビュー。
ファッション誌の
専属モデルとして
活躍後、女優に。
96年、結婚を機に
芸能界を引退

まつ毛の長さ 12㎜

長さと密度をキープするためにまつ毛のお手入れは入念に。新製品のマスカラは試さずにいられない

出身地 東京都

幼稚園から高校まで日本女子大学附属校。小学生の時はガールスカウトに所属。中学では弦楽部でチェロの担当。高校ではミュージックサークルでドラム担当。芸能界に入ったあとも、結婚するまで実家で家族とともに暮らす

身長 167.1㎝

妊娠中は少し縮んだ。最近、インナーマッスルを鍛える〝ジャイロキネシス〟を始め、姿勢がよくなり、身長も元に戻ったかも？

趣味
宝塚の舞台・DVD鑑賞

1カ月に2、3回は劇場で観劇。これまで見た作品で、あえてベストワンをあげるなら、『エリザベート』。組を問わず、何度見ても毎回感動

靴のサイズ 24.5㎝

足の甲が薄く、おまけに、人さし指が親指より1㎝も長い「ギリシャ型」。ジャストフィットの靴を見つけるのに苦労。オープントゥの靴は人さし指がはみ出るのでニガテ

Skin care

第1章
スキンケア編

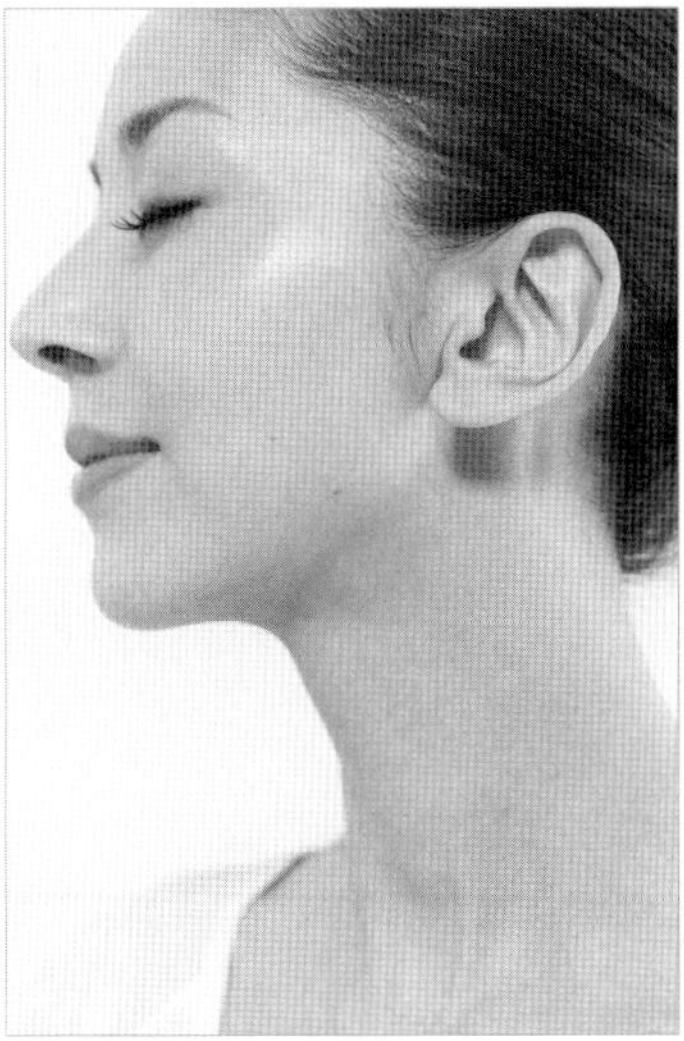

「十和子肌のつくり方、教えます!」

美肌は女性にとって何にも代えられない価値のあるもの。
肌がきれいだと、メイクが楽しくなり、気持ちも前向きに
明るくなります。スキンケアは美容のためだけでなく、
元気のもとにもなる気がします。だから一緒に、
効果の上がるスキンケアを実行しましょう!

Skin care

十和子流お手入れの極意「ベーシックなお手入れをまじめに続ければ、肌は必ず応えてくれます」

肌は生き物。一瞬で変わるものではないから、〝キレイ〟は毎日のケアの積み重ねにかかっています。理想の肌になるための秘けつをお教えします。

くすみのない肌を目ざして3大ステップが基本です

美容は、スキンケアに始まりスキンケアに終わると思っています。肌のコンディションが整っていなければ、どんなにすばらしいメイクをしても、きれいには見えません。それに、肌のきれいさは見る人への印象だけでなく、自分自身の気持ちに大きく左右します。肌の状態がいいと、気持ちが前向きになって、いろんなことを楽しむ力がわいてくる気がしませんか？　それは私自身がいつも実感していることなのです。だから、君島十和子の美容の極意とは？　と聞かれたら、スキンケアが8割、メイクが2割、と答えます。

では、きれいな肌とはどんな肌なのか。私が理想としているのは、みずみずしさの宿った透明感のある肌。内側からのしっとり、ふっくらした質感があり、色ムラのない均一な肌色。〝美白〟も意識していますが、目ざしているのは〝白さ〟というよりも、くすみのない〝クリアさ〟です。

目ざすべき素肌のイメージをもつこと。実はそこがスキンケアの大事な出発点だという気がします。目ざす肌に向かって、何をすればいいのかと筋道を立てて考えることができるからです。やみくもにいろいろな化粧品を使うのではなく、肌に必要なものを効果的な方法で取り入れる。それがスキンケアの基本になると思います。

私がスキンケアの基本にしているのは、次の3大ステップです。1.洗顔。肌質を左右するスキンケアのファーストステップです。2.保湿。水分や美容成分を十分に補給することで、みずみずしく透明感のある肌に導き、皮膚のターンオーバーも整えます。3.徹底的なUVケア。シミや乾燥、加齢などあらゆる肌トラブルの原因である紫外線を365日ブロックします。

あまりにもシンプルであたりまえのことばかりと思われるかもしれません。けれど、私自身がこれまでいろいろな試行錯誤を重ね、結局、美肌に最も大事なのは毎日のベーシックなお手入れだということを確信しました。ただし、忘れてはいけないのは、ていねいなお手入れを継続すること。まじめに続ければ、必ず肌は応えてくれます。結果が出れば、スキンケアはますます楽しくなってきます。それが美肌への確かな道のりなのです。

クレンジングと洗顔で素肌の質が変わります

スキンケアの3大ステップ、洗顔・保湿・UVケア、それぞれについて大事にしていることがあります。スキンケアのビギナーの人にも、アンチエイジングを意識しはじめた人にも、どなたにも当てはまることかと思います。

まず、洗顔について。化粧をしない日はあっても、誰しも顔を洗わない日はありません。毎日、必ず行うことだからこそ、ていねいに正しい方法でやる人と、そうでない人では、1カ月後はもちろん、数年後の肌状態にも大きな差が出ます。

メイクをした日は洗顔前のクレンジングも含めて、「完璧な洗顔」をする必要があります。私は夜のクレンジングと洗顔は、一日の終わりのしめくくりのスキンケアであると同時に、明日のメイクのための前準備だととらえています。そんな二重の意味で大事なスキンケアである〝落とすプロセス〟。でも、どうせ洗い流すものだからとクレンジング剤や洗顔料選びをおざなりにはしていませんか？　美容液や高級クリーム、メイクアップ用品など、〝与える化粧品〟には惜しみなくお金を費やしても、〝落とす化粧品〟は節約したくなる心理は同じ女性としてわかるのですが、〝落とす化粧品〟こそ、より品質にこだわって選ぶべきです。クレンジングと洗顔を見直して、うるおいは残して汚れは確実に落とす方法が身につくと、素肌の質は確実に変わります。

洗顔後のまっさらの素肌は細部までチェックします。毛穴の目立つところはないか、シミになりそうな色ムラの兆候はないか。自分の素肌の状態を客観的に把握して、意識して手入れすることでスキンケアの効果は高まります。

化粧水、美容液、クリームで肌の底力を上げます

保湿が大事なことは、今やスキンケアの常識として定着していると思います。より効果的な保湿のためには、保湿のタイミングと、肌状態に合わせたうるおいを閉じ込める技が必要です。

私がこの数年、欠かさず実行していることのひとつは、洗顔後、間髪入れず化粧水をスプレーすることです。何もついていない素肌に、霧のよう

なスプレーで化粧水を吹きつけることで、顔の肌全体にまんべんなく水分をチャージすることができます。〝間髪入れず〟というタイミングが大事なので、私は化粧水は洗顔料とセットで洗面台に置いていています。ちょっとしたことですけれど、使うべき場所に使う化粧品を置いておくことで、毎日のスキンケアはとても実行しやすくなります。

次に、化粧水と美容液で与えた成分を肌にとどめておくためにクリームを重ねます。朝は、夜よりも多めに使うようにしています。外に出て紫外線やほこりを含んだ空気に触れる前に肌をクリームでラッピングしておくという発想です。夜は、室内で眠るだけなのでクリームの量は控えめ。化粧水のあとに、目的に合わせた美容液をしっかり浸透させて、クリームは薄くのばす程度です。

UVケアは一年中抜かりなく徹底的に

くすみのないクリアな肌になるためには、不要な角質を取り除き、保湿した肌に美白成分を入れ込むことが必要です。同時に、今あるメラニン色素の反応を予防するために、紫外線をしっかりカットすることが欠かせません。

まず、絶対に避けたいのは直射日光。夏の強い日射しは皮膚の表面温度を上げて乾燥させます。肌の同じ場所に紫外線が当たり続けると、メラニンが刺激されて色素が定着し、シミの原因にもなります。それは一番避けたいことなので、日傘、手袋、サンバイザー、サングラスなどで、可能なかぎり直射日光を防ぐようにしています。夏だけでなく、UVクリームを顔と首とデコルテに塗ることは、一年中、ベースメイクのプロセスに組み込んでいます。

また、日常の動作に気をつけることも意外と大事です。洗濯ものを干す時などもひと工夫。ベランダで一枚ずつ洗濯ばさみでとめているうちに、朝の澄んだ空気の中の強力な紫外線を浴びてしまうことになるので、あらかじめ、部屋の中でハンガーに洗濯ものをとめてからベランダに出て、パッとハンガーをかけたらすばやく部屋に戻るようにしています。

UVケアにかぎらず、スキンケアは徹底することが大事です。このくらいは大丈夫だろう、と侮るなかれ。毎日のお手入れの積み重ねが、くすみのないクリアな美肌につながるのです。

Skin care ①

朝のスキンケア
「夜より朝のスキンケアに力を注いでいます」

成分をしっかり浸透させることで、メイクのもちもよくなります。
日中のストレスに耐える肌に整えておく毎朝の習慣は、美肌キープに欠かせません！

十和子肌をつくる 朝のシンプルステップ5

化粧水、美容液、クリーム、それぞれ、2分ぐらい間隔をあけて肌にのせます。スキンケア後は20分おいてメイクを。

Step❶ 洗顔
ムースの泡を転がすように洗顔し、ぬるま湯で30回すすぎます

Step❷ 化粧水
タオルで顔をふいたらすぐに、ミストローションを吹きつけます

Step❸ 美容液
リフティングエッセンスをしっかりと肌に押し込みます

Step❹ クリーム
クリームでふたをします。時間をおいて成分を浸透させます

Step❺ UVクリーム
顔全体、首、デコルテにUVクリームを塗り、よくなじませます

朝こそスキンケアのゴールデンタイムです

私は毎朝、起きたらすぐに洗面台に直行します。洗顔して、化粧水をなじませる。1年365日そんなスキンケアから一日が始まります。洗顔後、手ざわりや鏡で、まず自分の肌をよくチェックすることが重要です。顔色はどうか、肌トラブルはないかなど全体と細部をよく観察します。特別なケアが必要であれば、紫外線や外気に触れる前に、美容液で効かせたい成分をしっかり浸透させます。朝は、家事や身支度であわただしい時間帯ですが、化粧水をつけたらキッチンにお湯を沸かしにいく、美容液をつけたあとで洗濯機のスイッチを入れるなど、家事に使う時間が美容成分をなじませる時間にもなります。

スキンケアのあと、朝食や家事をはさんで、メイクは出かける前にします。スキンケアとメイクに時間をおくというのが実は重要ポイント。成分をしっかり浸透させることで、日中のストレスに負けない肌状態に整えることができますし、メイクの〝もち〟も格段によくなります。

Step 1

洗顔

キメの細かい泡を
指と肌の間で転がす

洗顔ムースを３プッシュ分手に取り、顔全体に泡をのせます。指で肌をこするのではなく、指と肌の間で弾力のある泡を転がす感じで。すすぎ残しのないように、顔の上を中心に10回、下を中心に10回、全体を10回、トータル30回、ぬるま湯ですすぎます

FTC パーフェクト ムース200mℓ￥4,725／フェリーチェ トワコ コスメ

Step 2

化粧水

ミスト状の化粧水で
洗顔後30秒以内に保湿

洗顔後、タオルで水分をふき取ったら、すかさず化粧水をシュッと吹きつけ、手でなじませます。洗顔直後に保湿成分を入れることで〝水の通り道〟ができて、このあと使う美容液などの成分が入りやすくなります

FTC パーフェクト トリートメント ミスト エッセンス120mℓ￥7,875／フェリーチェ トワコ コスメ

Step 3

美容液

肌の奥まで届くように ていねいに押し込む

シワのできやすいほうれい線や目じりを意識しながらリフティングエッセンスを塗ります。顔の表面にのばすというより、シワにアイロンをかけながら肌の奥に美容液を押し込むイメージです

FTC パーフェクト リフティング エッセンス30mℓ￥12,600／フェリーチェ トワコ コスメ

Step 4

クリーム

クリームを塗ったあと 時間をおくのがポイント

化粧水、美容液の入った肌にふたをするためと、紫外線や乾燥など日中のストレスからガードするためにクリームを顔全体に塗ります。ここで時間をおくのがポイント。肌がふっくらして、メイクのノリもよくなります

FTC パーフェクト トリートメント クリーム 50ｇ￥16,800／フェリーチェ トワコ コスメ

Step 5

UVクリーム

顔全体だけでなく、耳・首・デコルテも忘れずに

UVクリームを手に取り、顔全体にていねいになじませます。手に残ったクリームで耳にも塗ります。さらに手にクリームを取り、首とデコルテにもなじませます。これでメイク前の朝のスキンケアが終わりです

FTC UVパーフェクト クリーム プレミアム50 SPF50・PA+++55g ¥5,800／フェリーチェ トワコ コスメ

ワンランク上の十和子肌へ導く

プラスのケア

毎日、同じケアではなく、朝の肌状態を見て、必要なケアをその日の朝にすぐ実行することも美肌キープのコツです。

ジュディシュプリ JS美容液 0.3gパウダー4本+50mℓ美容液1本入り¥19,740／ドクタープロダクツ「ビタミンC誘導体「APPS」配合の美容液。美白と肌のハリが必要と感じた時にプラスする美容液です。夕方までしぼまない肌が実現します」

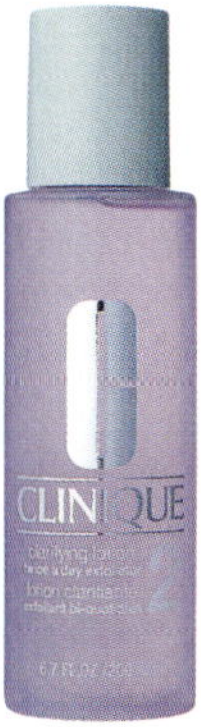

クラリファイング ローション2 200mℓ¥3,570／クリニーク ラボラトリーズ「肌のターンオーバーを助けるふき取り化粧水。肌にくすみを感じた時は、不用な角質がたまっているサイン。優しく角質がふき取られ、化粧水や美容液の成分が浸透しやすくなります」

Skin care ②

夜のスキンケア「夜は、どのお手入れよりもクレンジングがメインです」

汚れは完璧に落とす！ でも、決して肌にストレスを与えない。メイクと同じくらい、いえ、それ以上に研究と工夫を重ねてきた、クレンジングテクニックです。

十和子肌をつくる 夜のシンプルステップ6

念入りにメイクをした部分ほどていねいに落とします。汚れが残っていないことを必ず確認してから、美容液を与えます。

Step❶ アイクレンジング
リムーバーを含ませたコットンと綿棒で、アイメイクを落とします

Step❷ クレンジング
スチームを当ててクレンジング剤をなじませ、ティッシュオフします

Step❸ 洗顔
弾力のあるキメの細かい泡で洗い、十分にすすぎます

Step❹ 化粧水
タオルで水分をふき取ったら、すかさず化粧水で保湿します

Step❺ 美容液
美容液を肌に押し込むようにていねいになじませます

Step❻ クリーム
クリームを塗り、手のひらで包み込むようになじませます

こすり落とすのではなく、浮き上がった汚れを取り除きます

汚れのない清潔な肌に戻してからでないと、どんなに上質な化粧品を与えても、肌の中に入っていきません。ですから、クレンジングはスキンケアの中でも最もていねいにやるべきこと。とはいえ、完璧に落とそうとするあまり、力を入れてこすると摩擦で肌を傷めることになります。私が気をつけているのは、コットンやティッシュではもちろん、自分の指でさえ肌をこすらないようにすることです。アイメイクなどのポイントメイクも、ファンデーションのような広い面も基本は同じです。クレンジング剤でゆるんで浮き上がってきた汚れを、コットンやティッシュや綿棒にそっと移して落とします。

夜、遅くなるとクレンジングに手間をかけるのが面倒になることもありますので、私は夕方、帰宅したらすぐ、夕食の準備をする前にクレンジングと洗顔をすませ、ローションで肌を軽く整えておきます。夕食と家事を終え、入浴後に化粧水、美容液、クリームでスキンケアをして眠ります。

Step 1 アイクレンジング

まずはコットンでアイシャドウをオフ

リムーバーをたっぷり含ませたコットンをまぶたにのせ、軽く押さえます。液がなじんだら、コットンでまぶたをそっとなでます。こすらなくても、これでまぶた全体のアイシャドウが落とせます

アイメイクアップ リムーバー ローション125mℓ ¥3,150／クラランス

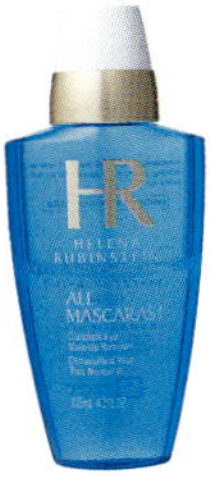

オール マスカラ リムーバー125mℓ¥4,410／ヘレナ ルビンスタイン

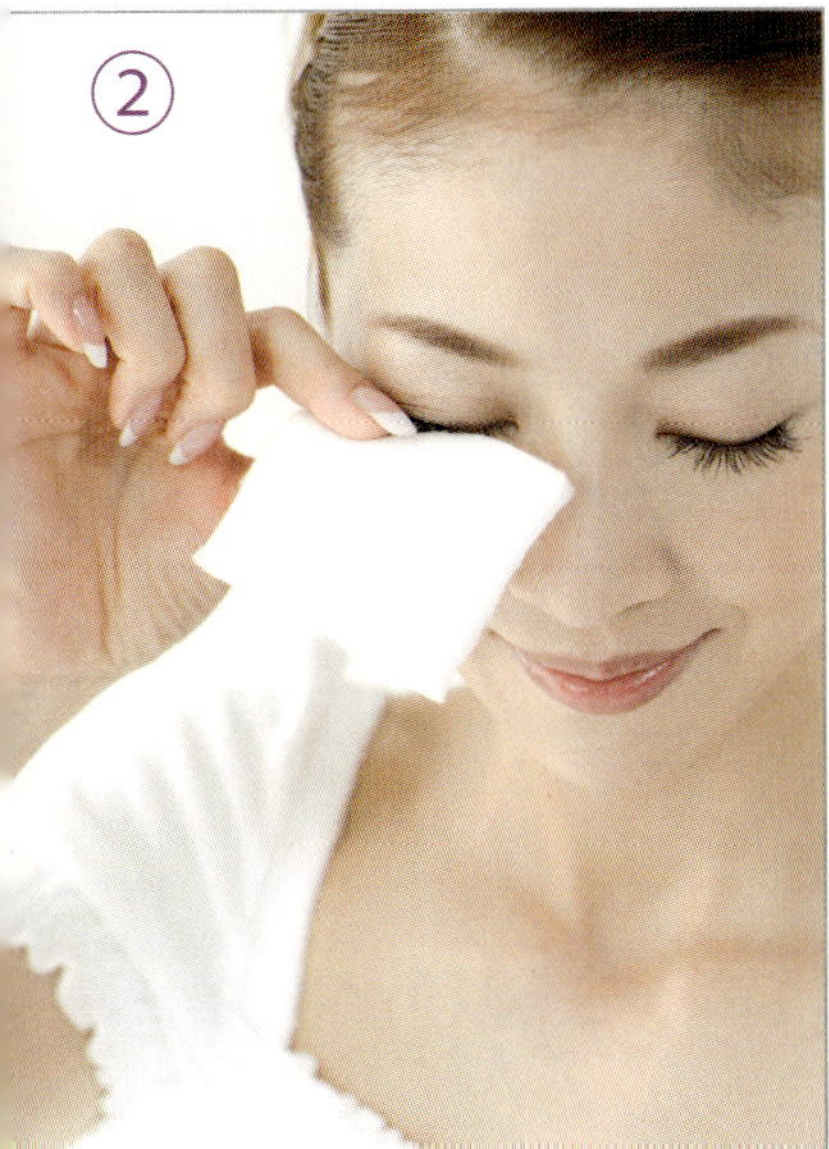

まつ毛を引っぱらず、コットンでふき取る

リムーバーを含ませたコットンをまつ毛の下に当て、指で軽くはさんでコットンを滑らせます。人さし指は上からそっと添えているだけ。まつ毛を引っぱることなくマスカラを落とすことができます

綿棒でまつ毛の根元から毛先へとふき取る

まつ毛の下にコットンを当て、リムーバーを含ませた綿棒で、残った汚れをていねいにふき取ります。まつ毛の一本も抜かず、ラメのひとつも残さない気持ちで。細かい汚れもこれで完璧に落とせます

Step 2 クレンジング

FTC パーフェクト クレンジング グリーンミルク ジェル200mℓ¥5,250／フェリーチェトワコ コスメ

スチームを当てて毛穴を開かせる

一日の終わり、肌は見た目以上に汚れています。皮脂やメイクだけでなく、ほこりや花粉などもついています。まず、スチームを当て、汚れに水分を含ませます。毛穴が開き、奥に入り込んでいた汚れや皮脂を浮き上がらせ、メイクと一緒にクレンジングするための下準備が整います

クレンジング剤を顔全体になじませる

クレンジング剤を手のひらに取り、よく温めて顔全体にのばします。決してこすらず、優しくのばしていく感じで。クレンジング剤が肌になじんだら、さらにスチームを当てて、汚れを肌から浮かせます

ティッシュで押さえて汚れをはがし取る

こすってふき取ると刺激が加わるので、ティッシュは顔にのせて軽く押さえ、そっとはがします。ティッシュが汚れとクレンジング剤を吸い取ってくれるので、このあとの洗い流しも簡単になります

Step 3 洗顔

泡を指と肌の間で転がす

手のひらに泡をのせ、顔全体にそっとのせます。泡をつぶさないように、指と肌の間で泡を転がすイメージで、大きなストロークで動かします

FTC パーフェクト ムース200㎖￥4,725／フェリーチェ トワコ コスメ

Step 4 化粧水

スプレー式は手間いらずですぐに保湿できて便利

洗顔後、タオルで水分をふき取ったらすぐにスプレー式のローションを肌から15㎝くらい離して、顔全体に吹きつけます。水分が吸収されるのを待って、手でなじませます

FTC パーフェクト トリートメント ミスト エッセンス120㎖￥7,875／フェリーチェ トワコ コスメ

Step 6 クリーム

クリームでふたをして夜のスキンケア終了

目的別にクリームを重ねづけすると手間が増えるので、複数の効果が期待でき、納得できる使い心地のものをひとつ、夜のスキンケアの最後に使います

FTC パーフェクト トリートメント クリーム50ｇ￥16,800／フェリーチェ トワコ コスメ

Step 5 美容液

肌に押し込むようにていねいになじませる

手のひらに美容液を取り、目じり、ほうれい線、眉間などを中心に、美容液をのばします。指で軽く押して、肌の奥に成分を押し込むイメージです

FTC パーフェクト リフティング エッセンス30㎖￥12,600／フェリーチェ トワコ コスメ

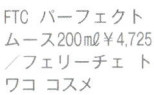

協力店リスト【第1章】

クラランス	☎03-3470-8545
クリニーク ラボラトリーズ	☎03-5251-3541
ドクタープロダクツ	0120-109-996
フェリーチェ トワコ コスメ	☎03-3405-7888
ヘレナ ルビンスタイン	☎03-6911-8287

Massage

DVD
Lesson1

第2章
十和子マッサージ編

「美肌と小顔のために、実行あるのみ！」

日ごろのお手入れに、マッサージは組み込まれていますか？
マッサージすることで、お肌の血行がよくなり、
隅々まで栄養と水分が行きわたる、いきいきした肌になります。
化粧ののりが格段によくなり、“顔の疲れ”も減るのです。
簡単で効果の高い十和子マッサージ、ぜひ、一緒に続けましょう！

Massage

十和子マッサージ
「かけた時間以上の効果が出るので マッサージは欠かせません」

長年の試みと実感から生まれた、今、私が実行しているマッサージ方法です。
DVDに全プロセスを収録していますので、ぜひ、お試しください！

メイクののり、顔色、肌のハリ。明らかに違いが出ます

マッサージは面倒というかたも多いようですが、効果を実感している私としては「ひと手間で美肌レベルが変わるのに、もったいない！」と声を大にしていいたいところです。特に私が効果を感じるのは撮影の日です。朝、自宅でマッサージをしてからスタジオに入るのですが、メイクを終えたころに、「やっぱりマッサージをしておいてよかった」と実感します。血行がよくなっているので、まず、メイクののりがいいのです。顔色がくすんでいる時や、なんとなくむくんでいる時もマッサージをすることで肌にイキイキ感が出てきます。顔の筋肉をほぐしておいたおかげで、長時間にわたる撮影でも、顔がまったく疲れず、笑顔になった時に顔が軽いなと感じます。また、夜のマッサージは顔のコリを取るだけでなく、そのあとに使う化粧品の浸透をよくする効果、さらには心穏やかに休める効果も感じています。

毎日必ずと決めると、実行するのが大変なので、私は3日とあけないくらいのペースです。

使用クリーム例

好みの香りやテクスチャーで使い分けています。
マッサージするのが楽しみになります。

インプレス IC リバイタライジング ソフニングオイル50mℓ¥5,250／カネボウ化粧品

「マッサージオイルは肌に乾燥を感じた時に使うことが多いです。のびがよくて、使用後のベタつきがなく、使いやすいオイルです」

ルナソル モーニングウェイクニングマッサージN40g¥3,675／カネボウ化粧品

「肌に吸い込まれていくジェルタイプ。ふき取らなくていいので、忙しい朝に便利です。保湿効果も高くて、肌がしっとりします」

AQ オールコンフォート マッサージクリーム100g¥15,750／コスメデコルテ

「リッチなクリーム感が贅沢な気分にさせてくれます。夜、ゆったりとお手入れする時間がある日に使うことが多いですね」

エスト エターナルフロー マッサージ150g ¥12,600／花王

「なめらかなテクスチャーとフルーティな香りで、うっとりする使い心地です。朝、夜、どちらにも適していて、登場回数の多いマッサージクリームです」

マッサージは、朝なら洗顔後、夜ならクレンジングのあとに行います。化粧水をつけたあと、手のひらにマスカット大ぐらいの量のマッサージクリームを取り、目のまわりをのぞいて顔全体にのばします。クリームの量が少ないと、指のすべりが悪くなり肌をこすることになりますので、"適量"を使います

まずは顔の輪郭を整えるマッサージです。両手の人さし指、中指、薬指の3本で、おでこの中心から1、2、3と押し、4でこめかみを押します

次に指全体で顔の側面をゆっくりと押します。この時、きちんと奥歯をかみ合わせた状態で行います。頬骨と耳の前の骨を押すイメージです

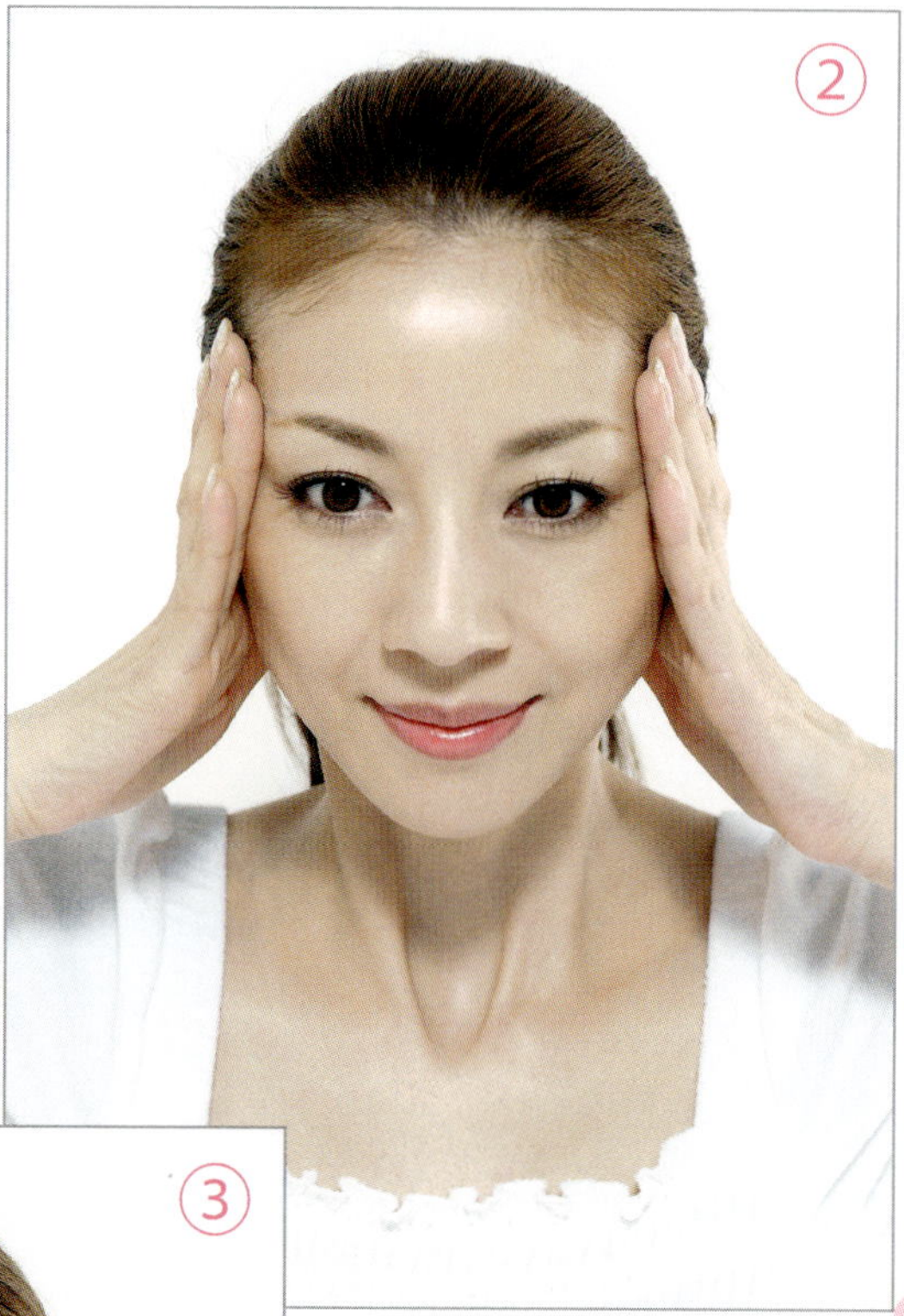

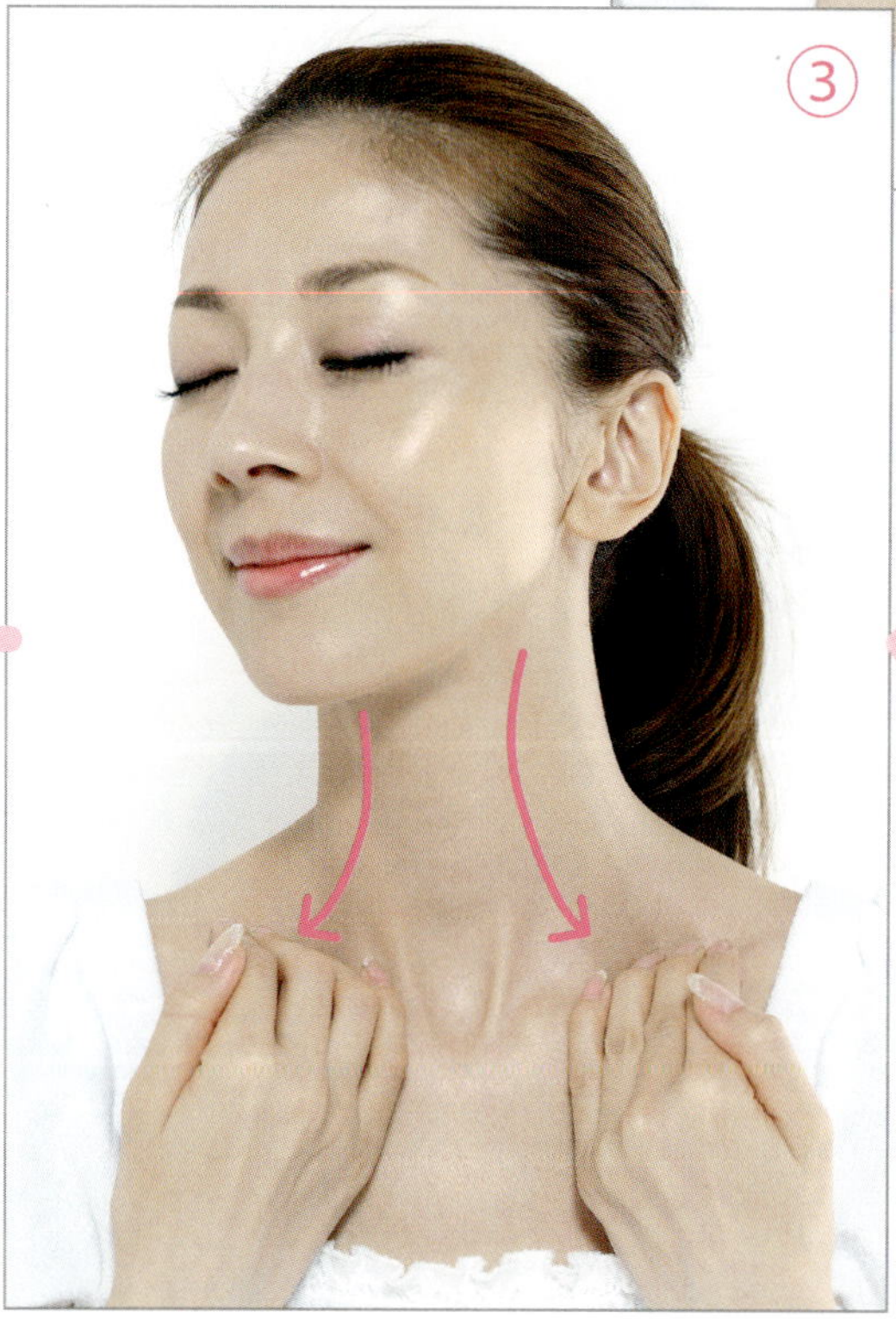

ゆっくりと両手を首すじから鎖骨まで下ろし、リンパに流します。①～③を3回繰り返します。これで、マッサージの準備が整いました

眉の上

人さし指で、眉頭を少し持ち上げるようにして、ゆっくり押します

眉頭から眉の骨に沿って、指をずらしながら押して、こめかみでストップ。④～⑤を３回行います

こめかみから、顔の側面、首すじを通り、鎖骨のリンパに流します

目の
まわり

中指、または薬指で、目のまわりの骨の位置を確認するくらいの弱い圧力で押します。まずは、目の下を押します

次に目頭を押します

次に目の上を押します

最後に目じりを押します

人さし指と中指で、鼻すじを上から下へ、
5回マッサージします

中指で、小鼻に沿って、上下、半円を描くように、5回、なでるようにマッサージします

あご先～ほうれい線

あご先を、人さし指と中指でゆっくりと押します

ほうれい線に沿って、口もとから小鼻のそばまで押します。ほうれい線にアイロンをかけるようなイメージです。⑬と⑭を3回行います

指で鼻の下を押します。歯茎を押すようなイメージです

ほうれい線～頬

小鼻の横に薬指をつけ、人さし指、中指、薬指で、ほうれい線の上を押します。頬を持ち上げすぎて圧をかけると目の下などのシワの原因になりかねないので、〝押し込む〞感じを意識します

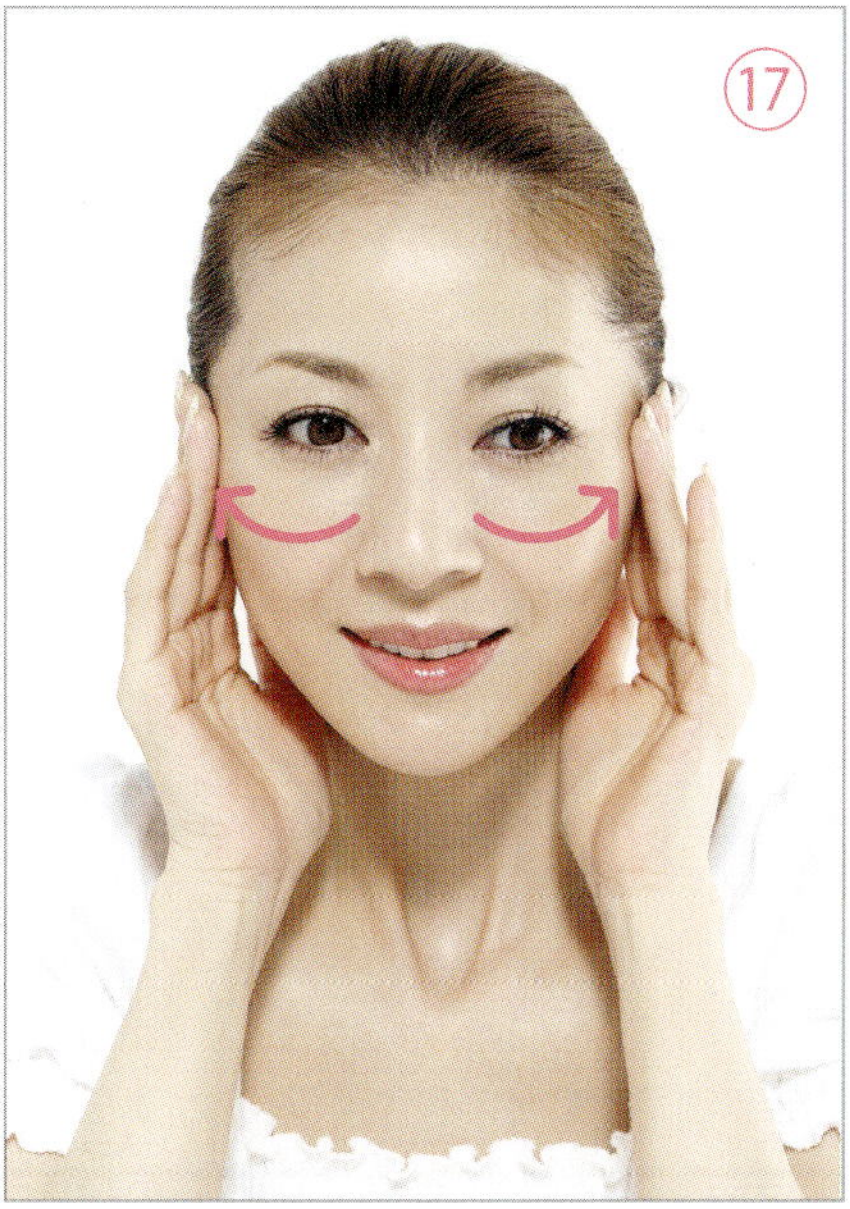

小鼻の横から耳の前まで指をすべらせます

首すじを通って、鎖骨までリンパを流します。⑯～⑱を3回行います

両手を合わせて、クロスした親指をあご先につけます

あごのラインに沿って、軽めの圧をかけて指をすべらせ、耳の下までもっていきます

手を返し、あご先まで戻ります

⑲〜㉑を５回繰り返して、首すじを通り鎖骨のリンパに流します。反対側も同じように５回繰り返したのち、首すじを通り鎖骨のリンパに流します

リフトアップ

ほうれい線に人さし指の側面を合わせ、
ヤッホーをするようなポーズをとります

軽めの圧をかけて、その手を耳の前まで
すべらせます

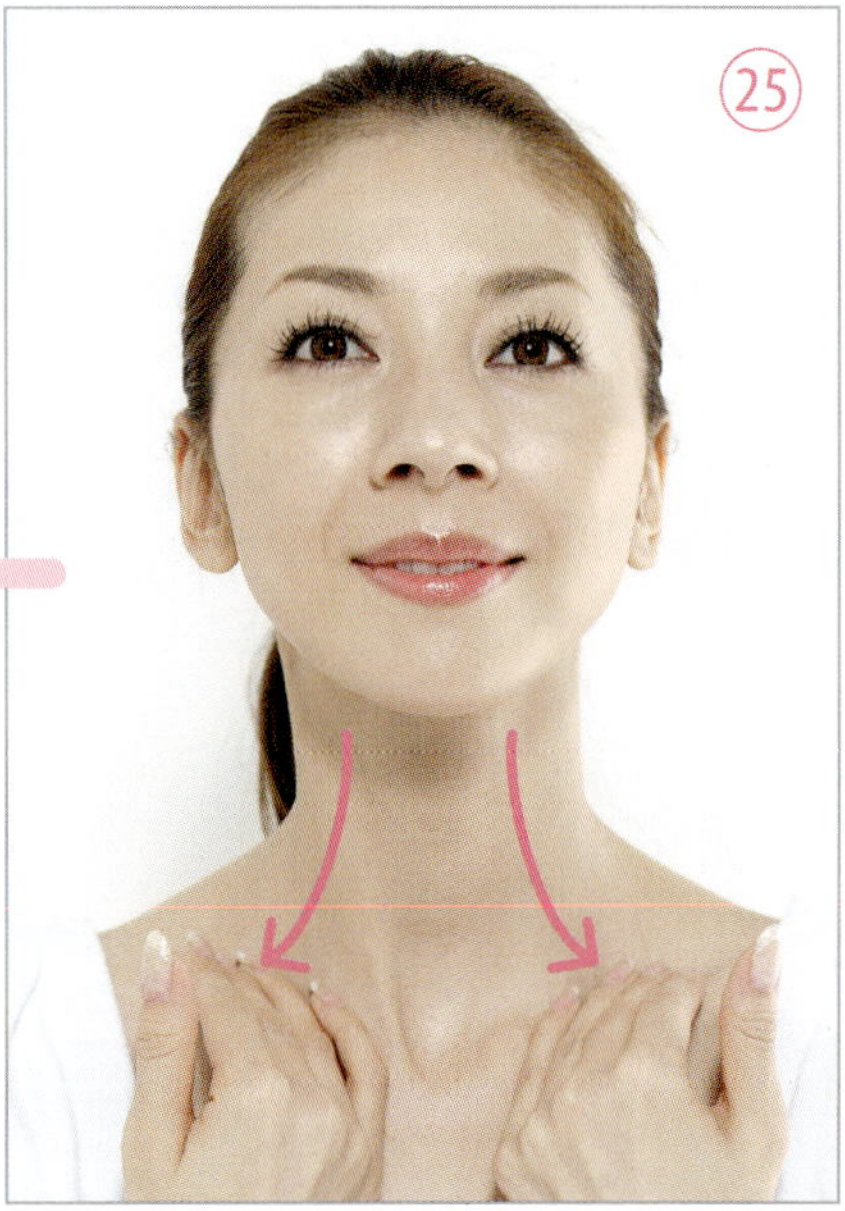

首すじを通り、鎖骨のリンパに流します。
㉓～㉕を５回繰り返します

ふき取り

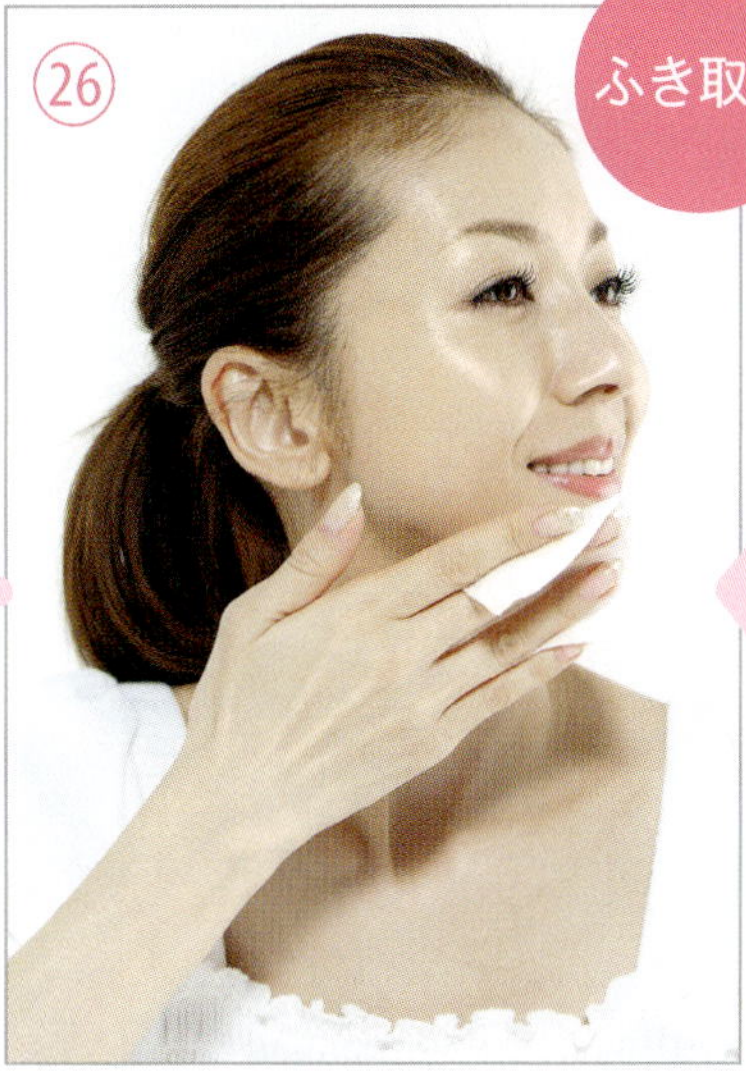

マッサージが終了したら、コットン、またはシートでクリームをふき取ります

せっかくマッサージで筋肉を持ち上げたので、ふき取る時も下から上へふき取ります。髪の生えぎわも、クリームを残さないようにていねいにふき取ります

ふき取りコットン例

**肌に優しいコットンを厳選しました。
マッサージのあと、ていねいにふき取ることで
肌の余分な角質を取ることもできます**

&フェイス アートメソッド ポリッシングクロス EX 60枚入り¥1,050／資生堂インターナショナル
「柔らかくて刺激の少ないシートです。大きくて吸収力があるので、デコルテに残ったクリームをふき取るのにも便利です」

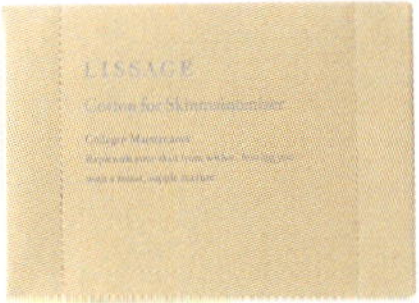

スキンメンテナイザー用コットン 60枚入り¥315／リサージ
「コットンの密度と肌ざわりが好みです。洗い流し用のマッサージクリームも、私は湿らせたコットンでふき取ります。余分な角質も一緒にふき取ることができます」

佐伯チズプロデュース Sコットン ユーティリティコットン 60枚¥600／白十字
「水で湿らせてふき取ります。毛羽立ちにくく、サイズが大きめなので、ローションパックはもちろんふき取り用にも大活躍です」

レッチ

目ざすはくびれのある立体的な体づくりと、胸やおしりを内側から支える筋肉の強化! 目的に合わせた厳選の十和子メニューです。トータルで5分もかからないので、無理なく続けられます。

続けると必ず体が変わってきます

スキンケアやメイクは大好きで、飽きることなく探求しつづける私ですが、エクササイズは実は苦手なジャンル。でも、「くびれのある立体的な女らしい体になりたい!」と、実践しているのがこのエクササイズです。1と2はおなかの前側に比べて取りにくい、ウエスト側面のたるみの撃退が目的。3と4はバストアップとヒップアップに効きます。回数はできる範囲からでOK。続けているうちに同じ回数がラクになってきますし、体のラインの変化を実感できます。

1 くびれをつくるわき腹ストレッチ

足を肩幅より少し広めに開き、上半身を右横に倒していく。息を吐きながら、右わき腹をギューッと縮め、右手を下ろしていく。左わき腹はグーッと伸びる感じ。右足のつま先を伸ばして立つと効きめがアップ。反対も同様に、左右交互に20回ずつ

2 側面をシェイプする開脚ストレッチ

床に座り、開脚する。左腕を顔の横に上げ、息を吐きながら上体をゆっくりと右に倒していく。顔を天井に向けると効きめアップ。左右交互に、10回ずつ。体を倒す時にはずみをつけない。慣れてきたら、開脚の幅を広げていく

Column 1 十和子式 5分でできる 簡単スト

3

膝つき腕立て伏せで胸の土台を強化する

膝をつき、腕を肩幅より少し広めに広げる。息を吐きながら、ゆっくり腕を曲げて、体を水平に床に近づけ、ゆっくり元の姿勢に戻る。最初は5回を目標に。慣れてきたら10回

膝つき片足上げでヒップアップ

両膝をつき、両手を肩幅ぐらいに開く。右脚をいったん胸のほうに引きつけ、息を吐きながらゆっくり後ろに上げる。もものつけ根から上げる気持ちで。背中をそらしすぎないように注意。左右交互に10回ずつ

4

協力店リスト【第2章】

花王　☎03-5630-5040
カネボウ化粧品　0120-518 520
コスメデコルテ　☎03-3273-1676
資生堂インターナショナル　0120-81-4710
白十字　☎03-3987-6974
リサージ　0120-417-134

Make up

DVD
Lesson2&3

第3章
メイクアップ編

「十和子メイクの極意をお教えします!」

メイクのテクニックは細かく説明すればきりがないほど
多岐にわたります。でも、誰にでも共通する原則は、
実はとてもシンプル。一番大事なのは、
肌づくりなのです。美肌ベースメイクをマスターすると、
「メイク映え」が格段に変わります!

Make up ①

普段の日のメイク

「肌づくりで、キレイの8割が決まるから、日常使いのファンデーションは厳選します」

いろいろなメイクを試せば試すほど、メイクの基本は肌づくりにあると確信しました。
洗練ベース＋目力メイク＋幸福感の漂うチーク&唇＝イキイキ美人の完成です！

自然でツヤのある肌と目力メイクが基本です

メイクで私が大事にしていることは、一に肌色、二に肌ツヤ、三、四がなくて、五に目力です。

なぜ、肌色、肌ツヤと「肌」がメイクの最重要項目なのかというと、肌はすべてのメイクのベース、絵でいうとキャンバスのようなものだから。目や口などのパーツをどんなにきれいに仕上げても、肌が整っていないと顔全体としてきれいには見えません。また、肌は顔の中で面積を占める割合が大きいため、ごまかしようがなく、その人の「キレイ」の印象を大きく左右してしまいます。この原則は、日常的なメイクの時も、ドレスアップした時のメイクの場合も変わりません。

きれいな肌づくりができたら、メイクの80％は成功したも同然。だから、忙しい時間の中で仕上げる普段の日のメイクこそ、ファンデーションはこだわって選び、ベースメイクで自分のなりたい肌をまずつくることが必要だと思います。私の場合は顔の肌が首やデコルテと差のない色、つまり限りなく素肌に近い肌色にしたいと思っています。つくり込んだ肌ではなく、「今日、ファンデーション塗ってないの？」というくらいの自然さ。それでいて隠したいところはきちんと隠せる。そんなベースメイクを追求しています。ファンデーションはシーズンごとに進化していて、新商品を試すとやはり、色も質感もより洗練されていることを実感します。ファンデーションを今年のものに変えるだけで、〝今〟のニュアンスが加わります。メイクに新鮮さを呼び込む意味でも、普段使いのファンデーションは毎年見直します。

ポイントメイクで一番手間をかけるのはアイメイクです。目は顔の中でも最もよく動き、女性度の高いパーツ。ただし、トゥーマッチな印象は避けたいものです。エレガントでインパクトのある〝目力〟はまつ毛の生えぎわ5㎜が勝負です。目を開けた時だけでなく、目を伏せた時も、まつ毛の生えぎわがすき間なく黒く埋まっていることが大事。ジェル、リキッド、パウダーとライナーを重ねて、にじまず、色落ちしないアイラインを描きます。手間がかかるように思えるかもしれませんが、要の場所には手を抜かないことが、普段のメイクのキレイ度を上げるコツなのです。

仕上がり

透明感とツヤのある明るい肌で、軽い抜け感が出ると思います。手順に慣れれば15～20分でできるデイリーメイクです

Step 1 下地〜ファンデーション

明るく見せたい部分には多めに、陰影が欲しい場所やよく動く場所は薄めに。
塗る量でコントラストが生まれ、立体感のあるベースメイクに仕上がります。

START

スキンケアを終えて、下地クリームでもあるUVクリームを塗った状態からスタートです

ラトゥー エクラ シュブリムs SPF15・PA+30mℓ￥4,200／ソニア リキエル

まず、メイクアップベースを塗ります。一番明るくしたい目の下から始め、おでこから鼻、あごまでのTゾーンを中心に、中指と薬指で塗ります

顔全体ではなく、明るくしたい場所と化粧くずれしやすい場所に塗るのがポイントです

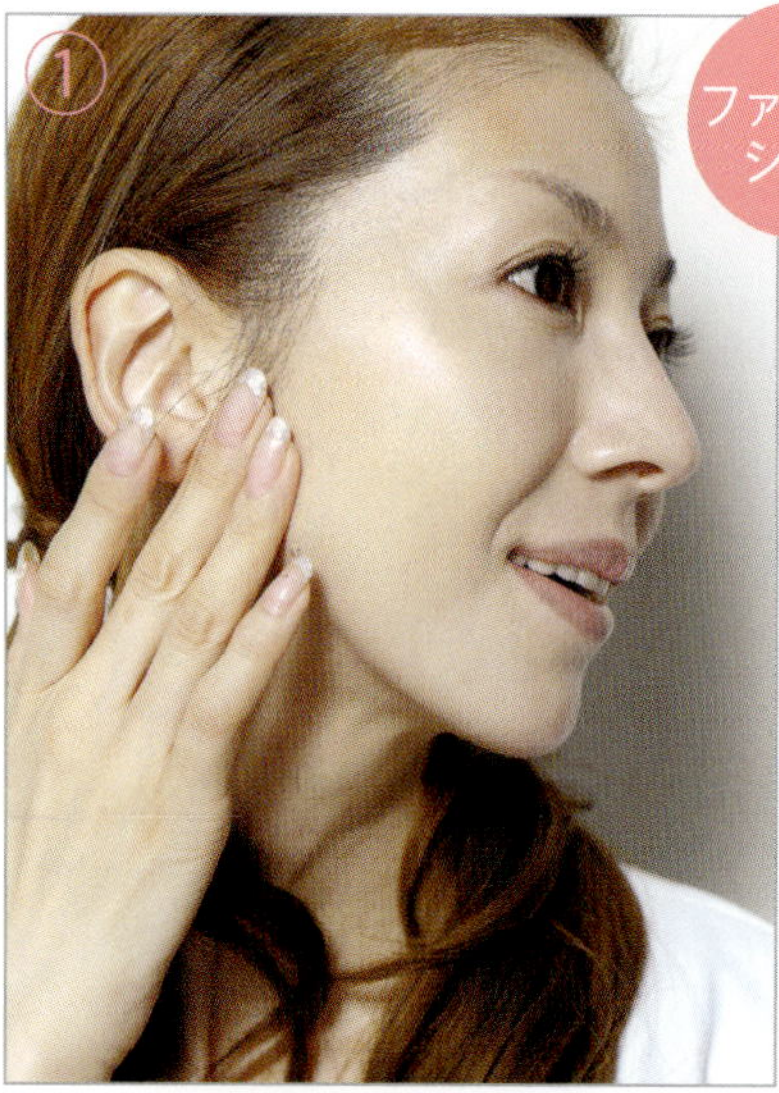

カプチュール トータル セラム ファンデーション No.021 SPF15 30mℓ￥9,975／パルファン・クリスチャン・ディオール

ファンデーションはフェイスラインに沿って頬の広い部分を中指と薬指で軽くたたくように塗っていきます

額と髪の生えぎわは何度も指を往復させ、ファンデーションをなじませます。お面のように肌と生えぎわに境目ができないようにします

あごからこめかみまで塗っていきます。こめかみにはファンデーションを多めにたたき込みます。この部分がへこんでいると老けて見えるので、明るくふっくら見せるためです

鼻に塗ったあと、指に残っているファンデーションで目のまわりを塗っていきます

塗り終わったらスポンジでよくたたいて、ファンデーションを肌に密着させます

ファンデーション完成

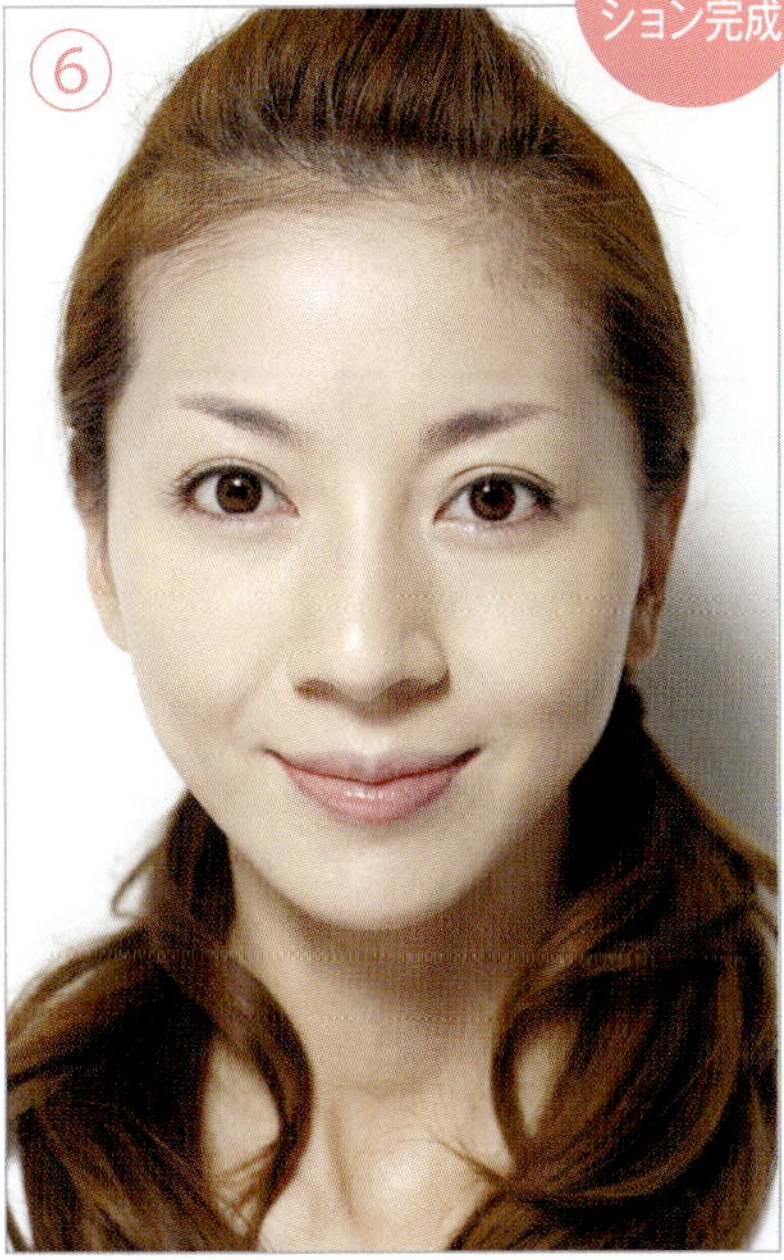

ファンデーションの仕上がりです。色ムラのない、キメの整った肌ができました

Step 2

チーク

まるで自然な血色のような
肌なじみのいい
ピンクのクリームチークで、
元気で幸せ感のある印象に。

クリームチークをスポンジに取って、笑った時一番高くなる頬骨のところを中心に、ぽんぽんとたたいて塗っていきます。クリームチークはツヤ感が出るうえ、乾燥も防げるのでおすすめです

キッカ フラッシュブラッシュ 03￥5,250／カネボウ化粧品

Step 3

パウダー

肌のツヤを生かすために、
パウダーはブラシでほんのひとはけ。
全体ではなく、必要な部分にだけ、
というのがポイント。

パウダーはごく少量を、Tゾーンやテカりやすい部分を中心に薄く塗ります

十和子ヴェール（レフィル）￥8,400・ケース（ブラシつき）￥2,100／フェリーチェ トワコ コスメ

Step 4 アイブロウ

パウダーで眉のベースをつくって、ペンシルで描き足し、眉マスカラで毛流れを整えます。
一見手間がかかるようで、失敗なく美眉に仕上げる確実な手順です。

まず、ベースになるような薄い色のアイブロウパウダー(★)で眉のアウトラインをつくります

ルナソル ブラウスタイリングコンパクトBR02¥3,990／カネボウ化粧品

ペンシルで眉じりや眉頭の足りない部分を一本一本描き足していきます

コフレドール Wスタイリングアイブロウ(OV)(チップパウダーつき)BR-39 ¥3,150／カネボウ化粧品(編集部調べ)

ケイト アイブロウカラー ゴールドブラウン¥892／カネボウ化粧品

眉マスカラを使って、カラートーンを上げると同時に、毛流れを整えます

Step 5 アイシャドウ

時間がたってもくすまない目もとのためのベースづくりです。眉下の明るさとアイホールの適度な陰影で、このあとのアイライナーをきれいにきわだたせる役目もあります。

少しパールの入った薄いピンクのアイカラーでまぶたのくすみを払います。眉の下までまぶた全体を塗りますが、アイホールは薄く塗ります

AQ ライトフォーカスSP 002￥3,675／コスメデコルテ

アイホールにブラウンのアイカラー（★）で少し陰りをつけます。メイクをしてから時間がたった時に、落ちくぼんだ疲れた目もとに見えるのを防ぐために、アイホールのアイシャドウは薄めにつけます

コフレドール シャインアクセントアイズ01￥3,675／カネボウ化粧品（編集部調べ）

ひと回り細いブラシで、②で使ったブラウンのアイカラー（★）を二重の内側に塗ります

Step 6 アイライナー

目力はまつ毛の生えぎわから5㎜が勝負。白い部分が残らないように、すき間なく塗りつぶします。下まぶたは茶のラインで、大人の可愛い囲み目に!

ロングウェア ジェルアイライナー 07¥2,940/ボビイ ブラウン

濃いブラウンのジェルライナーで目の形に沿ってラインを引きます。ジェルライナーは線ではなく、まつ毛の影だと思って塗ります。ラインを美しく引くというよりはまつ毛の生えぎわを埋めるのが目的です

エスト リキッド アイライナー01¥3,150/花王

ジェルライナーの上に、黒のリキッドを重ね、まつ毛の生えぎわに深みを出します。目力をもっと出したい場合は、さらにペンシルライナーを使ってインサイドラインを入れます

コフレドール シャイン アクセントアイズ 01¥3,675/カネボウ化粧品(編集部調べ)

ブラウンのアイカラー(★)でアイラインのアウトラインをぼかします

アイライナー ペンシル WP02¥2,415/ソニア リキエル

少し赤みをおびたブラウンのペンシルで、下まぶたのまつ毛の生えぎわにアイラインを引きます。目じりの下を埋めるように少したれ目ぎみに描くと、優しげで存在感のある目に仕上がります。目じりから目頭方向に描き進め、黒目の内側あたりで終えるのが、大人っぽい囲み目のコツです

Step 7 マスカラ

目力には長くて密度のある「美まつ毛」が欠かせません。マスカラで根元から一本一本、包み込むように塗り、先に行くほど細くなるエレガントなまつ毛に仕上げます。

① ビューラーをかけます。アイラインがビューラーではがれたら、このタイミングで描き足しておきます

② マスカラを目じり側から塗ります。ブラシの先にマスカラ液をたっぷりつけて、まつ毛を下から上へ一本ずつすくい上げるようにつけていきます。まつ毛の先にはマスカラ液をつけすぎないようにします。そうすることで繊細でエレガントなまつ毛に仕上がります

③ マスカラコームでさばいて、まつ毛とまつ毛のくっつきをほぐします

④ 下まつ毛は、マスカラブラシをよくしごいて、マスカラ液がぼってりつかないようにします。目じり側から一本ずつ､まつ毛の根元からつけます

⑤ ホットビューラーでまつ毛全体をカールします。熱でマスカラがよくさばけ、きれいな仕上がりになります

FTC パーフェクトTOWAKO EX¥3,780
／フェリーチェ トワコ コスメ

Step 8 リップ

**実際に唇に塗ってみて、肌の色が明るく見えることが色選びのポイントです。
女性らしさと幸せ感のある、ふっくらとした口もとに仕上げます。**

リップブラシに口紅をたっぷり取り、全体を塗ります

コフレドール シャインドレープルージュ（グロウ） PK-237￥3,150／カネボウ化粧品（編集部調べ）

同系色のリップライナーでアウトラインぎみにラインを引き、ふっくらした唇に仕上げます

コフレドール リップメイクライナー PK-06￥1,260・ホルダー￥1,260／カネボウ化粧品（編集部調べ）

これで普段の日のメイクが完成しました。このメイクは、オフィスでの仕事、家族の行事、お友達とのランチなど、多くのシーンで幅広く使えるメイクです

Make up ②

特別の日のメイク

「光を操り、遠くまで届く輝きを。上品なシャイニーメイクで華やかに」

特別な日のメイクは、定番メイクにとどまらず、新しい自分を見つけるチャンスです。
使ったことのない色やメイクテクニックも試してみましょう。

光を意識して、遠くまで届くツヤ感をプラスします

パーティなど、ドレスアップして出かける時はメイクにもドレスアップが必要です。どんな目的の集まりなのか。どんな洋服を着ていくのか。そして、自然光なのか電気の照明なのか。そうしたＴＰＯを頭に入れて、メイクのプランを考えます。メイク好きな私としては、いつもとは違うメイクを楽しむ機会でもあり、腕の見せどころでもあります。

ベースメイクは普段の日のメイクと大きな違いはありません。ファンデーションをていねいに塗り、自然で色ムラのない肌に仕上げます。目力アップのアイメイクにポイントをおいて、チークと唇で華やかさをプラスするという基本も同じ。

普段のメイクと違うのは、「光」を意識して、ラグジュアリーな華やかさを出すこと。電気の照明の中でも明るく見え、遠くまで届くツヤ感をいかにバランスよく加えるかが工夫のしどころです。

最近、私が気に入っているのは、目もと、頬、唇に繊細なパール入りのものを少しずつ重ねていく方法です。透明感のある輝きは、重ねても決して色が濁らず、上品なシャイニーメイクになります。こういう時も大活躍するのが、私の愛してやまない多色パレットです。顔の中にない色、例えば、グリーンなど使いにくいと思っていたカラーも、パレットの計算しつくされた色と質感の組み合わせのおかげでうまく使いこなせます。

それから、特別な日のメイクで忘れていけないのは、当日いきなりではなく、前もってリハーサルしておくこと。アイカラーを実際に塗ってみて目もととバランスのいいリップカラーも選んでおく。雑誌などで見て気になっていたメイク方法があれば、試してみる。ラメ入りのアイライナーなど、普段使うには派手だけど、使ってみたかったものなども試してみる。私はいまだに、気になるメイク用品をデパートからドラッグストアまであれこれ買いにいくのが楽しみで、女子高生の間で流行しているメイク用品などもすぐ入手します。メイクのリハーサルといいつつ、買い集めたメイク用品の研究が止まらなかったりすることもあります。実はこんなメイクの自主トレ中に、新しいメイク法や自分に似合う色を発見することも多いのです。

仕上がり

繊細なゴールドパールの調和で存在感のある華やかさに。陰影の深い目もととヌーディカラーのリップでメリハリが

Arrange 1

チークで華やぎをプラス

色はほんのり。繊細なパールが頬に広く
プラスされると、顔全体のツヤ感が
格段にアップします。

ゴールドパールの入ったオレンジ系のパウダーチークをブラシで幅広に入れます

チーク カラー パウダー03¥5,250
／ソニア リキエル

Arrange 2

アイメイクで輝きをプラス

ゴールドパールのアイカラーを重ねて、
深い陰影をつけます。人工的な照明の中でもぼやけない、
インパクトのあるグリーン～茶のドラマチックなグラデーションに。

❶のゴールドのアイシャドウをアイホールに入れたあと、❷のグリーンのアイシャドウをアイホールに重ねます。そのあと、ゴールドのリキッドアイライナーを広めに引きます。❸の濃いグリーンのアイシャドウをライン状にまつ毛の生えぎわに入れ、さらに、目じりを囲むように入れます。❹のペパーミントグリーンのアイシャドウを目頭にくの字に入れます

サンク クルール イリディセント
No.409¥7,875／パルファン・
クリスチャン・ディオール

レ キャトル オンブル
#94¥7,245／シャネル

コフレドール
スターダズリングライナー
DN-02¥1,000
／カネボウ化粧品（編集部調べ）

Arrange 3

リップでツヤ感をプラス

強い目もととメリハリをつけるために
リップはあえてヌーディカラーに。
でも、ぷるんとした質感はたっぷりと。

ゴールド系のオレンジベージュのリップグロスをたっぷりと塗ります

キスキスラックNo.744¥3,780
／ゲラン

愛用のメイク道具たち

これがないと困ります！ きれいな仕上がりを支えてくれる秀逸な道具です。

まつ毛の脇役

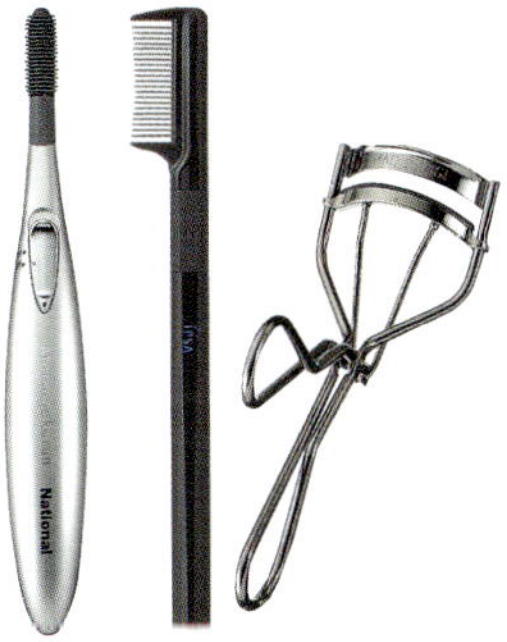

(右から)「カーブが目にぴったり」。マキアージュ エッジフリー アイラッシュカーラー¥1,050／資生堂(編集部調べ) 「丈夫で使いやすい」。コーム(アイラッシュ)¥1,260／イプサ 「溝があってまつ毛をさばきやすい」。まつげくるん セパレートコーム EH2351P(オープン価格)／パナソニック

ジェルアイライナーブラシ

「ジェルの含みがよく、思いどおりの太さ、濃さのラインが引けます」。ウルトラファインアイライナー ブラシ¥3,150／ボビイ ブラウン

眉毛用ブラシ

「斜めの角度のエッジ感、毛の質感、固さ、すべて◎の理想的眉ブラシ。何度もリピート買い」。#266スモール アングル ブラシ¥3,465／M・A・C

アイシャドウブラシ

「肌ざわりがすばらしい名品」。(右から)キッカ パーフェクト スモーキー アイブラッシュ ラージ¥8,400・ミディアム¥6,300・パウダーアイライナーブラッシュ ミディアム¥4,200／カネボウ化粧品

黒田啓蔵メイク

「プロのチカラを借りて新生・十和子の誕生です！」

実は、私は以前から黒田メイクの大ファン。雑誌も著書も熟読していて、
愛用アイテムは即買いするほど！ 今回は念願かなっての初対面(※)になりました！

いつも私は、撮影時も自分でメイクをしています。でも、自分のテクニックだけでは、時に思い込みメイクに陥ってしまうことも。今回のように、第一線で活躍されているプロフェッショナルにメイクをしていただくことは、刺激にもなりますし、自前メイクを見直すよい機会にもなります。

君島　はじめまして。今日は本当に楽しみです。外は雨ですが、スキップ状態で駆けつけました！

黒田　光栄です。僕も十和子さんをいろんな雑誌で拝見するたびに、とても美しいかただなと。緊張して、昨夜は眠れなかったほどです(笑)。

君島　私、黒田さんがよくいらっしゃる原宿のコスメショップも大好きで。最初はいやがっていた娘たちも、今では自分からショッピングかごを手に取り、いろいろ選んでいるんですよ。

黒田　楽しそう！　やっぱりメイクは楽しまないと！

君島　その〝楽しい〟が脳に働いてキレイを生み出すのであって、メイク道具とかスキンケアはその動機づくりのツールにすぎないのかなって。

黒田　僕もそう思います。

君島　私、ブラウンのアイシャドウが大好きで、毎年新しいブラウンに心がときめきます。そのワクワクする気持ちが大事だと思うんです。

黒田　同じブラウンでも、毎年ちょっと違うんですよね。だから新色を使うことで時代の顔になる。やっぱり旬のものを使わないと古い顔になるんです。

君島　はい！　今日は、定番のブラウンを使った旬のメイクをじっくり学びたいです！

※原文はマリソル07年10月号掲載

仕上がり

ブラウンとピンクを使って、上品に大人の可愛らしさをきわだたせたメイクに仕上がりました

PROFILE

くろだ・けいぞう●女優やタレントからの信頼も厚いカリスマ的存在のヘア＆メイクアップアーティスト。近著に『黒田啓蔵よみがえりメイク』など

まずは肌と心をほぐすところからメイクが始まりました。頭皮と肌をマッサージしたあとに、指先を繊細に動かしながら、スキンケアからベースメイクまで、あっという間の仕上がりです。

黒田　今の肌感って覆い隠すのではなく、その人自身の人となりが見えるような仕上がりがトレンドだと思うんです。上品で愛らしい、十和子さんの人柄が出る肌感。ツヤと凹凸感だけを添えた、素肌を感じさせる仕上がりにしました。

君島　ファンデーションを塗られた覚えがまったくないくらいです！　自分でメイクする時は、納得するまで塗ってしまう。根がオタクなものだから、どうも近視眼的になってしまって(笑)。

黒田　僕はファンデーションまでがスキンケアだと思っています。そしてチークとハイライトまでがベース。顔に色みや凹凸ができるとちょっと引いてメイクをできるようになります。

今回、黒田さんが選んだのはブラウン系のアイシャドウ。ひと技ごとに鏡を取り出して、つぶさに確認してしまいました。

黒田　十和子さんは可愛らしく仕上げたほうが絶対いい。目もくりっとした印象を強めるほうがいいから、ベージュブラウンのアイシャドウに、パール入りの黒のリキッドアイライナーを隠しラインにして、目じりを囲むように仕上げました。隠したところに黒が来ることにより、黒目がちにもなる。少女っぽい目もとが生きると思ったんです。

君島　目の印象が全然違います。大きさも違う！手がこんでいるのに痕跡がまるでないです！

黒田　そういうこまやかさや計算が大人のメイクには大切だと思うんです。

君島　チークやグロスはピンク系ですよね。メイク好きはブラウンに合わせてオレンジ系を使いがちですが、黒田さんはちょっとはずしたピンクを使うことでフレッシュに仕上げている。強弱のつけ方やバランス感覚、本当に勉強になります！

黒田メイクの完成！

ついに念願の黒田メイクが完成！ 大人の可愛らしさを最大限に生かしていただきました。

内側からキレイを押し上げてくれるメイクに感動

黒田さんのメイクは上からかぶせるのではなく、内側から押し上げてくれる印象でした。多くの工程を重ねているのですが、すべてが顔の一部になっているので、顔が軽いし自由。しかも自分では絶対にできない究極のシンメトリー！ 以前だったらその技を盗もうと挑んだと思うのですが、今日は、メイクはテクニックじゃないとつくづく実感しました。きわだつ色は使ってないのに見違えて見える。これぞ黒田マジックという仕上がりに感動です。

黒田さんって、例えば頬をきゅっとさわって、ほっぺたはここだよと教えてくれる感じなんです。アイラインを描いている時も、目はここまで開けるんだよって。キレイを引き出そうというおおらかで優しい気持ちが、私の輝きを引き出してくれるのだと。だからどこを何cm描くとかいうメソッドではないんですね。自分でもそういう思いでメイクすることが大切だと改めて思いました。

黒田メイクの使用コスメ

アイメイクはブラウン系と黒、チークやリップは、ピンクとベージュ系のベーシックなセレクトです。

❼マキアージュ ブロー&シャドー コンパクト10
¥3,150／資生堂（編集部調べ）
❽ラディアント シャドウ デュオ&ライナーNo.340
¥7,035／ゲラン
❾クレヨン アイライナー090
¥2,940／パルファン・クリスチャン・ディオール
❿ザ・メーキャップ オートマティック リップクレヨンLC1
¥2,415／資生堂インターナショナル
⓫ルージュ・アンテルディNo.26
¥3,675／パルファム ジバンシイ
⓬マジー デコ フェアリー ルージュPK871
¥2,940／コスメデコルテ

❶ジュ コントゥラスト#44
¥5,565／シャネル
❷マジー デコ フェイスカラーWT001
¥5,250・
❸マジー デコ フェイスカラーBR300
¥5,250／コスメデコルテ
❹ザ・メーキャップ アクセンチュエイティング クリーム アイライナー1 ¥3,465／資生堂インターナショナル
❺キャプティブ・アイズNo.1
¥4,095／パルファム ジバンシイ
❻リキッド アイライナー N001
¥2,625／アナ スイ コスメティックス

す！

自分の素の"キャラ"がそのまま表れそうで、ちょっと
恥ずかしいけれど、バッグの中身を大公開。いつも
身につけている愛用のアクセサリーや時計もお見せします！

財布

←２年くらい愛用しているエルメスのお財布。お札がぴったり収まり、キズのつきにくい革です。主人の海外出張のおみやげです

手帳

→今年から使っているルイ・ヴィトンの手帳。毎日、持ち歩くものなので、風水的にパワーを引き寄せるといわれるゴールドを選択

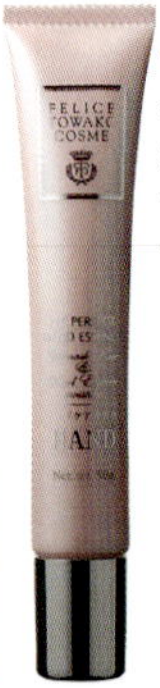

ハンドクリーム

←いつもしっとりした手でいたいので、ハンドエッセンスも必ずバッグに入れています。ダマスクローズの香りで、気分もリラックス

Daily Items

デジカメ

↑いつ、誰に遭遇するかもしれないのでカメラは必携。意外とミーハーです（笑）。おいしい食べ物や笑えるシーンなどもブログ用に撮影

グロス

←ちょっとしたお出かけなら、化粧直し用に持ち歩くのはこのグロスとコンパクトだけ。ＵＶケアもでき、どんなメイクにも合うので重宝

携帯

→ママ友達や会社のスタッフとのメールのやりとりは１日４、５回。デコメールは不慣れだけど、文字だけなら両手打ちでかなり早いのが自慢

エルメスのバーキン25

↑日常的に大活躍。サイズが絶妙で、私の体のボリュームともバランスがいいし、バッグ自体の重さも適度。マチがあるので、普段持ち歩くものは十分収まります

コンパクト

↑ひとはけすると肌に透明感とツヤが出るので外出先でのリタッチに本当に便利。風水的にいいゴールドの容器

チャーム

←娘のママ友達とおそろいのキラキラくまのチャーム。可愛くて大好きなので色違いで４色そろえ、いろんなバッグにつけてます

目薬

←撮影前や人にお会いする前、目の充血を取る目薬で、疲れを感じさせない目もとに。瞳の黒さがきわだち、メイク映えも一段アップ

数珠

←結婚した時、主人の母から最初に譲り受けた数珠。母が大事にしていたものなので、お守りとしてバッグに入れて持ち歩いています

ペン

→左は気分が上がるキラキラペン。右は好きな色を組み合わせられる３色ペン。子供と自分の予定を色分けして手帳に書き込みます

Column 2
バッグの中身お見せしま

Accessories アクセサリー

❶主人からの去年の誕生日プレゼントのテニスブレスレット　❷主人の母から譲り受けたイヤリングをピアスに作り直して愛用　❸・❹結婚指輪とエンゲージリングは組み合わせて普段も身につけています　❺シャンテ・クレールの"幸福のベル"という名のネックレス　❻40歳になって使いはじめた、私には珍しい大きいフェイスのブレゲ　❼長年愛用のカルティエのミニパンテール

Pouch ポーチ

Sub Bag サブバッグ

数年前、限定で作ったFTCのトートバッグ。Ａ４が入り、合皮素材で軽いので、仕事用の書類入れとして持ち歩くのに大活躍しています

シルバーのポーチは08年、FTCクリスマスコフレ限定のもの。メイク道具一式入る容量。ストライプのほうは布素材で軽く、バッグに入れて持ち歩くのに最適。アルティザン＆アーティストとのダブルネームです

トワコ コスメ図鑑

あくなき探究心と情熱を
注ぎ込んでいます。
私の分身のようなコスメをご紹介！

「理想のものを毎日使いたい！」が原点です

フェリーチェ トワコ コスメの第１作は「ＵＶパーフェクト クリーム」でした。美肌のためにＵＶケアは一年中欠かせないこと。毎日のことだから、肌に負担をかけない成分で、使用感も軽いのが理想。しかもSPF値50は譲れない。私自身が絶対に欲しいと思うものを妥協せず、追究する。それがフェリーチェ トワコ コスメの原点です。少しずつ商品が増え、今やどれも十和子肌に欠かせないものばかりです。なによりうれしいのは、使ってくださっているかたがたからの「求めていたものにやっと出会えました」というお声。こだわって作ってよかったと心から思います。今後もコスメを通して皆さまのお役に立てることができれば、と思っています。

6大ベーシックコスメ

❶FTC パーフェクト クレンジング200mℓ￥5,250　肌にのせた時に適度な厚みがあり、摩擦が少なく、汚れをすばやく落とせます　❷FTC パーフェクト ムース200mℓ￥4,725　洗顔は泡の質が大事。キメの細かい弾力のある泡がワンプッシュで出てくるので、正しい洗顔が地道に継続できます　❸FTC パーフェクト トリートメント ミスト エッセンス120mℓ￥7,875　注目のエイジング成分、フラーレンを配合したミスト状の美容液ローション。細かい霧のようなスプレーによって肌の細胞に美容成分をまんべんなく与えることができます　❹FTC パーフェクト リフティング エッセンス30mℓ￥12,600　目じりや口もとなどたるみが気になるところに集中的に。肌の内側からふっくらさせる成分DMAEが効きます　❺FTC パーフェクト トリートメント クリーム50ｇ￥16,800　美肌の条件すべてをかなえる理想のクリームを追究してやっと実現。朝は日中の外的刺激から肌を守り、夜はダメージを修復してくれます　❻FTC UVパーフェクト クリーム プレミアム50 SPF50・PA+++ 55ｇ￥5,800　夏はメイクがくずれにくく、冬はしっとり。白浮きせず肌になじみ、一年中化粧下地として使えます。リピーターの多い人気No.1コスメです

ジェルシート

FTC パーフェクト アプローチング ジェルシート １セット（２枚入り）×５包￥4,200
エイジングケアで注目されているDMAEが主成分。張ったまま動き回れるよう、シートの形や大きさにもこだわりました

スペシャルスキンケア

❶FTC パーフェクト ローズミスト120mℓ￥5,250　上質な香りと美肌作用で希少価値の高いダマスクローズオイルを配合。スプレーするたびに保湿しながら心もうるおいます　❷FTC パーフェクト コンフォーティング ジェルマスク120ｇ￥5,880　紫外線やエアコンで夏バテした肌をすばやく回復。液だれしないジェルなので、パック中も動き回れて使いやすいです。入浴中のパックもおすすめです　❸FTC パーフェクト アクアティック エッセンス30mℓ￥8,400（限定）　肌になじませるとひんやりと〝水〟の感触。角質層のすみずみまでうるおい、肌の弾力がＵＰ。毛穴でも目立たなくしてくれ、夏の肌の不満を解決してくれる美容液です

Column 3 十和子肌をかなえるフェリーチェ

ハンドケア

(右から)FTC パーフェクト ハンドエッセンス グリーンティ50g ¥3,465・ローズ50g ¥3,780 いつもきれいな手でいたいという思いが高じて通常ではありえないほどたくさんの美容成分を配合しました。チューブの先が細く、爪や甘皮にもピンポイントで塗れます

UVリップグロス

(右から)FTC パーフェクト リップグロス(アプリコット)・(ローズ/販売終了)・(ピンクダイヤモンド)各SPF10・PA+ 10g ¥3,465 UVケア効果、理想の色とツヤ、にじまずボリュームアップ、すべて満足できるグロスを追究した自信作。3色とも日本人の肌の色になじみ、顔色を明るくみせます

マスカラ

FTC パーフェクトTOWAKO EX ¥3,780 ファイバーウィッグとコラボしたマスカラ。涙ににじまずお湯で落とせます。生産が追いつかない人気商品です

パウダー

十和子ヴェール/FTC パーフェクト トランスルーセントパウダー(ケース・ブラシつき)13g ¥10,500 カスタードイエローが、くすみや赤みを払い肌に透明感とツヤをもたらします。天然山羊毛ブラシにもこだわりました

ボディケア

4 3 2 1

❶FTCスパ ボディ ミルク(フレンチローズ)245ml ¥3,780 贅沢な美容成分をたっぷり配合。朝のバラ園の香る風のように、みずみずしくて優雅な香りです
❷❸❹FTCスパ シャワージェル(グレープフルーツ)・(グリーンティ/販売終了)・(フレンチローズ)各240ml ¥2,415 保湿成分をたっぷり配合して、汚れはしっかり落としてうるおう肌に導きます。ジューシーな香りのグレープフルーツは朝のバスタイムにぴったり。フレンチローズはフランス在住の調香師との共作です

トラベルキット

❶FTC パーフェクト ジェット セッター キットG ¥5,250 スター製品がそろっています。機内持ち込み可能な容量なので、旅行にはもちろん、お試し用やプレゼントにもぴったり ❷FTC パーフェクト ジェット セッター キット R ¥4,830(季節限定) ミスト、リフティングエッセンスなど、FTCのローズの香りのアイテムを集めたキットです

1

2

協力店リスト【第3章】

アナ スイ コスメティックス　📞0120-735-559
イプサ　📞0120-523-543
花王　☎03-5630-5040
カネボウ化粧品　📞0120-518-520
ゲラン　📞0120-140-677
コスメデコルテ　☎03-3273-1676
資生堂　📞0120-81-4710
資生堂インターナショナル　📞0120-81-4710
シャネル　📞0120-52-5519
ソニア リキエル　📞0120-074-064
パナソニックお客様ご相談センター　📞0120-878-365
パルファム ジバンシイ　☎03-3264-3041
パルファン・クリスチャン・ディオール　☎03-3239-0618
フェリーチェ トワコ コスメ　☎03-3405-7888
ボビイ ブラウン　☎03-5251-3485
M·A·C（メイクアップ アート コスメティックス）　☎03-5251-3541

Hair arrange & care

DVD
Lesson4&5

第4章
ヘアアレンジ&ケア編

「きれいな髪は美人度を確実に上げます!」

昔からよくいわれる、「髪は女の命」という言葉。
そのまま、今の私たちにも当てはまると思います。
毛先まで神経を配り、美しさを保とうとする気持ちは
女性らしさの証。つややかな髪を保つためのヘアケアは
スキンケアと同じくらい美容の必須テーマです。

Hair arrange & care

十和子ヘアの流儀「髪は全身の印象を決めます。しかも、顔を縁取るフレームです」

顔はメイクでごまかせますが、髪には残酷なほどその人の〝美容偏差値〟が出てしまいます。360度、どこから見られても大丈夫なヘアを、目ざしましょう！

〝素髪〟がきれいだと気持ちも前向きになります

君島十和子の髪型といえばロングの巻き髪、というイメージが強いかもしれませんが、実は長さは変化しています。

1年ほど前には一気に20㎝ぐらい切ったことがあります。長さを変えたのをきっかけに、色もかなり明るめのブラウンにカラーリングしました。ロングヘアがセミロングヘアになっただけなのに私にとっては大きな変化でした。ロングの時はあまり強いメイクをするとトゥーマッチな印象になってしまったのですが、セミロングだと、髪がおとなしめなぶん、ちょっとアバンギャルドなメイクが逆に可愛く見えたりします。しっくりくる洋服のボリューム感なども変わってきます。たかが髪、されど髪、なのですね。髪型は全身のバランスに大きくかかわるもので、しかも自分の顔のフレーム。女性の姿をどれだけ左右するか、あらためて実感しました。

ダメージのあるパサついた部分を全部切ったことでの発見もありました。自分で髪の毛をさわった時の感触が気持ちいいですし、近くで人に髪の毛を見られても大丈夫。素肌と同じように〝素髪〟がきれいだと、自分に自信をもてて、気持ちがとても前向きになります。

考えてみると、髪は360度、人から見られる可能性のあるところ。いつもきれいな人、という印象になるといってもいいすぎではないかもしれません。いつもきれいな髪の人＝いったん髪を切ったことが私の意識を目覚めさせてくれました。

40代になって、前髪の生えぎわあたりの毛が細くなってペタッとした印象になったり、髪の毛のコシがなくなるなど、髪質の変化も気になっていたところ。ヘアのアンチエイジングを追求しようという気持ちも以前にもまして強くなりました。

ツヤ髪をキープするためにヘアケアはさぼりません

さて、現在はロングの長さまで伸びました。目ざすべきは〝上質なツヤ〟のある髪の毛。表面に何かを塗って出したツヤではなく、健やかに育った髪の毛が放つつややかさ。そのためには、地肌のコンディションをよくすることが欠かせません。

シャンプーの前にブラッシングをするのが習慣です。ブラッシングは髪の毛をとかすためだけではなく、地肌のためにも必要です。毛穴に詰まった汚れを浮かす効果もありますし、頭皮の血流を促す効果もあります。頭と顔は一枚の皮膚でつながっているので、頭皮ケアをしっかり続ければ、顔のたるみやむくみ防止になります。ブラッシングのあと、シャンプーで汚れをきちんと落とし、必要な栄養を与えます。特にダメージを感じていなくても、週に一度はトリートメントパックなどスペシャルケアをします。髪の内部のうるおいをキープすることで髪の基礎体力がつき、傷みにくくなる気がします。タンパク質、ミネラルなど、栄養バランスのよい食事も大事。貝類、ひじき、わかめなど海藻類、ごまなど、髪にいいといわれているものは日常的に食べています。こうしてみるとスキンケアの原則と共通しています。やはり髪はお肌の延長です。

ヘアアレンジはメイクの流れに組み込んでいます

素肌の調子がいいと、メイクが楽しくなるのと同じように、髪のコンディションがいいとヘアスタイルのアレンジも楽しくなります。

いつも同じヘアスタイルだと、自分でも自分の姿に見飽きることがあります。その日のファッションに合わせて髪型をアレンジすると、新鮮な気分になりますし、同じ洋服を着ても全体のバランスが軽やかになったり、華やかさがプラスされ、おしゃれの幅も広がります。髪の形をきれいに仕上げることだけにこだわるのではなく、大きめの鏡で全身を写し、後ろ姿もチェックして、全身を見ながらファッションと髪型のバランスを取る。それがヘアアレンジの成功のコツです。

私は撮影の時以外はほとんど自分で髪をセットしています。ファンデーションを塗ってベースを仕上げた時点でカーラーを巻いて、口紅を塗る前にはずすという流れです。メイクの手順に組み込まれているのでちっとも面倒ではありません。

また、急なお出かけの時でも、自分でセットできるので、美容院に行かなくちゃ、とあわてることもありません。自分に似合うヘアアレンジのテクニックを身につけておくことは、大人の女性として必要なことかもしれません。

Lesson 1

ヘアアレンジ①

ハーフアップ

用意するもの

★ホットカーラー　8個

★アメリカピン　8本

★ヘアアイロン

「おでこを出すと、いきいきとしたあかぬけたカジュアル感が出ます」

手間はかからないのに、華やかな印象になるハーフアップは、お出かけの時やちょっとしたパーティの時によくするスタイルです。ポイントは2つ。最初におでこの上に作るポンパドールの大きさや高さで微妙にあかぬけ感が変わります。自分にベストなふくらみ具合を探ってみてください。もうひとつは、仕上げにアイロンを使って縦巻きロールにすること。髪にツヤ感が加わり、カールを長持ちさせる効果もあります。

模様、ボリュームが左右対称になるように注意。後ろ姿にも手を抜いていない印象に仕上がります

ポンパドールのふくらみが足りないと地味な印象になるので、このくらいの"高さ"が私にはベスト

Front

肩の前にかかる縦巻きロールが華やかさの決め手。少しずつ髪をすくって、ヘアアイロンでカールをつけます

How to make

ハーフアップのつくり方

Front

髪を巻く

太めのホットカーラーを8個使います。トップは2つ、両サイドはひとつずつ。バックは左右、上下の4つに分けて巻きます

トップとサイドは根元までカーラーを巻き、バックは毛先から髪の途中まで巻くのが、バランスのいい巻き髪のポイントです

Back

ゆる巻き完成

ホットカーラーをはずします。このように髪を巻いておくと、毛の流れができてボリュームも出るので髪をアレンジしやすくなります

①

厚めに髪をすくい、頭頂部から少し後ろでひとねじりして、アメリカピンでとめます。とまりにくい場合は先にUピンでとめ、アメリカピンで固定します

②

右のこめかみの髪をすくい、後ろでひとねじりしてとめます。毛先を上に引っぱるようにすくうと、サイドがたるまず、きれいにまとまります

③

左側も、同じ分量をすくい、後ろでねじってとめます。この時、先にとめた部分にかぶせるようにしてとめると、美しく仕上がります

④

同じ手順で、もう一度、右側から髪をすくって後ろでねじってとめます。一度目と同じ分量の髪をすくうと、形よくまとまります

⑤

最後に左側から、もう一度髪をすくって、後ろでねじってとめます。最後の束は、表に出るところなのでピンが目立たないように、しっかりとめます

⑥

残った髪を太めのアイロンで縦ロールになるように巻いていきます。すくう量を少なめにすると、きれいな縦ロールができます

Lesson 2

ヘアアレンジ②
サイドまとめ髪

用意するもの

★ホットカーラー 8個
★マジックカーラー 1個
★アメリカピン 2本
★Uピン 2本
★細毛ピン 1～3本

「ツヤ髪でつくると、フェミニンで清潔感のあるスタイルに」

この本の表紙でもしている、サイドまとめ髪の作り方を紹介します。ゆる巻き髪のふんわり感を生かしたまとめ髪なので、すっきりとした中にも、女性らしい雰囲気を出すことができるスタイルです。ただ髪の状態によっては、寂しげに見えることもありそう。健康的でツヤのある髪でこそ、より引き立つヘアアレンジです。トップは少し高めにして、前髪を厚めにすくい横に流すと、若々しい印象になると思います。

後頭部のほどよいふくらみがポイント。ひっつめのまとめ髪とはひと味違う女性らしい後ろ姿に

下準備で巻き髪にしているので、サイドでまとめた髪にたっぷりカールが出て、華やかな仕上がりに

Front

斜めの前髪で、小顔効果もある髪型です。夏など、涼やかな印象に見せたい時もおすすめのアレンジです

How to make

サイドまとめ髪のつくり方

Back

Front

ゆる巻きをつくる

ヘアアレンジ①のハーフアップと同じく、8個のホットカーラーをトップに2つ、サイドにひとつずつ、バックに4つ巻き、巻き髪をつくります（詳しくはP.70をご覧ください）

前髪を巻いておく

ホットカーラーをはずしたあと、前髪だけ太めのマジックカーラーで巻き、とめておきます

①

耳から上の髪をすくい、ひとつに束ねて頭頂部の下でねじります

②

少し持ち上げるようにして、トップにふくらみをつくり、まず、Uピンでとめます

次にアメリカピンでとめ、しっかり固定させます

残りの髪全体を左の耳の下でまとめ、内側にひとねじりして、Uピンでとめます

次にアメリカピンで固定します

マジックカーラーをはずし、前髪をカーブさせ、耳の後ろで細毛ピンでとめます。しっかり固定させたい時は小さめのアメリカピンでさらに固定します

Lesson3

デイリーホームケア

スキンケアと同じように、髪も日々のお手入れしだいで変わっていきます。
うるおいのある"ツヤ髪"のために、愛用しているものをご紹介します。

シャンプー&トリートメント

ヘアのアンチエイジング。さすがの効き目です

「サロン・ド・リジューさんの、オリジナルの商品です。撮影などが続いて髪が傷みそうな時に使うとすばやく修復します」。H&Aシャンプー・H&Aトリートメント各300g ¥10,500／サロン・ド・リジュー

ダメージが蓄積した毛先のパサつきがスルッとした感触に

「トウモロコシのヒゲ根のようにパサついた毛先が"生きてる毛"になったのを実感」。パンテーン クリニケア 毛先までパサついて傷んだ髪用 シャンプー280mℓ・コンディショナー250g（各オープン価格）／P&G

スペシャルケア

成分がしっかり浸透して、髪に均一なツヤが出る

「ヘアカラーの褪色のスピードを遅らせ、髪にツヤも与えられます。明るめに髪を染めた時などに、愛用しています」。マスク リフレクション（集中トリートメント）200g ¥4,725／ケラスターゼ

パサつきとうねりが減り、するりと髪の面がそろう

「コクのあるクリームが髪の毛一本一本の根元から毛先までしみ込む感じで、髪の手ざわりが変わるのを実感します。週1回のペースで使っています」。セグレタ ヘアエステ180g（オープン価格）／花王

ケアグッズ

イオン系のドライヤーで根元から乾かして、髪の"しっとり"をキープします

「かければかけるほど髪がしっとり。乾きも速く髪の傷みを防げます」。（右）ヘアードライヤー ナノケア EH-NA90（オープン価格）・（左）くるくるドライヤー ナノケアEH8522（オープン価格）／パナソニック

頭皮の血流を促すために毎日のブラッシングは欠かせません

「適度な刺激で頭皮をマッサージできます。私好みの地肌の当たりなので、あえてナイロン混合タイプを使用」。メイソンピアソン ジュニアミックス（猪の毛・ナイロン混合）¥12,075／オズ・インターナショナル

Lesson4

ヘアサロン

定期的にプロの手も借りています。目的別に通っている3つのサロン。
十和子ヘアを私と一緒に追求してくださる、頼りになるお店です。

カットは……『ヘアーディグリーズ』

カットは髪型の要。技術とセンスを信頼しています

「ヘアカットは大越園子先生に10年以上、信頼を置いておまかせしています。十和子ヘアの産みの親で、髪型を変える時も先生の提案が大きなヒントになります。撮影時にもお世話になっています」

●東京都港区南青山１の26の４六本木ダイヤビル2F
☎03-5786-3666　10:30～20:30(土・日曜、祝日10:00～20:00)　火曜、第１・第３月曜休
http://www.hair-degrees.com

カラーは……『グランド タヤ』

説明しにくい色のイメージが通じ合うので安心

「担当は銀座店のKEIさんです。私の肌や目の色はもちろん、そのシーズンに着る洋服や撮影時のライトに当たった時の色具合、ライフスタイルまで計算に入れてくださるので、安心しておまかせできます」

●東京都中央区銀座３の３の１ZOE銀座3F
☎03-5524-2033　11:00～21:00(日曜・祝日10:00～19:00)　年始休
http://www.grandtaya.com

ケアは……『メディカルヘアケア サロン・ド・リジュー広尾店』

頭皮ケアは髪と美肌のために定期的に通いたい

「自分では除ききれない毛穴のクレンジングと、カラーで傷みがちな髪のトリートメントをお願いしてます。頭皮ケアで肌のハリも変わります」

●東京都港区南麻布５の15の11 SEOハウス1F
☎03-5793-3359(完全予約制)　11:00～21:00(土曜10:00～20:00、日曜・祝日10:00～19:00)
第１・第３月曜休
http://www.salon-de-rejue.com

協力店リスト【第4章】

オズ・インターナショナル ☎03-5213-3060
花王 消費者相談室 ☎03-5630-5030
ケラスターゼ ☎03-6911-8333
サロン・ド・リジュー ☎03-5793-3359
パナソニックお客様ご相談センター 0120-878-365
P&Gお客様相談室 0120-021-327

Collection of Talks

第５章
対談編

「ようこそ、十和子の部屋へ！」

私が以前から憧れと尊敬を抱いていたかたがたとの対談が実現しました。
ご登場いただいた3人に共通することは、
きれいでパワフルで、人間的にチャーミングな女性ということ。
対談のあと、心身ともにパワーチャージできました！
皆さまにも、どうぞこのパワーが届きますように！

佐伯チズさん

「きれいになることは人生が変わること。そのお手伝いができることが幸せです」（佐伯）

パーティなどでお目にかかったことはありましたが、じっくりお話をうかがうのは今回が初めて。
美容に携わるものとして、尊敬する大先輩の佐伯先生には聞きたいことがたくさんあります。
私の肌診断も、勇気をもってお願いしてみました！
ユーモアたっぷりで、話題がつきることのない先生との楽しい対談となりました。

美肌の命は〝ツヤ〟。血行や体温が肌に表れます

君島 先生、今日はよろしくお願いいたします。お会いできるのを楽しみにしていました。

佐伯 私も楽しみにしてきました（と握手）。

君島 まあ、先生の手、とっても温かいです。

佐伯 そうなのよ。体の中がいつもポカポカしているの。みんなが寒い寒いといってる時でも、私は寒いと感じることがほとんどないんです（笑）。

君島 爪も頬も唇も、血の色が透けて見えてほんのり自然なピンク色！ 血色がよいというのは、こういうことをいうのですね。

佐伯 これは体質を改善したからなのよ。最初が42歳のころ。主人を亡くして、毎日泣き暮らして、むくみ太りしてたんです。このままじゃいけないと一念発起して、「和田式」という食事療法をやったの。バランスよく食べて、水をたくさん飲むことで代謝が上がり、60kgぐらいあった体重が47kgに落ちました。体質が変わって、むくみにくくなったし、冷え性もなくなったんですよ。

君島 40代になってからでも、そんなふうに体質は変えることができるんですね。

佐伯 そうです。40代どころか、私の2回目の体質改善は6年ぐらい前ですよ。今は、週1回の加圧トレーニングと水素水を飲むこと。これで、さらに血行がよくなって、より元気になりました。

君島 お肌、ほれぼれする〝ツヤ〟です。

佐伯 うれしい。シワがあっても、シミがあっても、ツヤがあるのが美肌の条件だと思うのよ。

君島 そう思います。私も以前はファンデーションのあとたっぷりお粉をはたいていましたけど、年々、粉の量が減ってきまして、最近は必要のないところにはお粉はつけないようにしています。

佐伯 そのほうがいいですね。

君島 それでもやっぱりツヤが失われていくのはどうしてなんでしょうか。

佐伯 やはり角質ケアです。角質がついていたら、いくら化粧品をつけても成分が入っていかないですから。週1回のスクラブ洗顔と、月に1回くらいはプロの手でケアしてもらって、あとは化粧品メーカーの集中ケアを春と秋やっておく。そうしたケアで肌の〝土台〟を整えておくとツヤは保つことができます。

Chizu Saeki

43年生まれ。ＯＬを経て美容室勤務ののち、24歳で化粧品メーカー「ゲラン」入社。その後、「パルファン・クリスチャン・ディオール」のトレーニングマネージャーとして勤務。定年後にエステサロン『サロンドールマ・ボーテ』を開業。〝ローションパック〟を世に広め、年代を超え、多くの女性に支持されている。『願えばかなう』（講談社）など著書多数

車の中でも日傘をさすほど紫外線ケアは徹底してます

君島　スキンケアについて、いろいろ相談を受けることがあるんですが、意外と自分の肌質をわかっていない人が少なくない気がします。

佐伯　そうなの。思い込みで、自分はオイリー肌だとか決めつけている人、わりと多いですよ。

君島　ベタベタするのがいやだから、クリームは使わないという人もいらっしゃいますし。

佐伯　正しく洗顔した肌にていねいにクリームを入れ込んでなじませれば、ベタつくことはないはずなんです。その手間が面倒くさい人はきれいになりたい気持ちは捨てなさいって、私はいってるんです。それとね、高い化粧品を使えばきれいになるという思い込みも多い。高いものはもったいないから使う量をついケチる人も多いのよ（笑）。

君島　ある化粧品メーカーさんの調査によると、女性は容器の底が見えはじめると、使う量が今までの半分になるのだそうです。

佐伯　その女心、よくわかるのよ。でも、適量を使ってこその効果。高いものをちびちび使うより、ケチらず使えるものをていねいに与え続けるほうが、よほどきれいになることは間違いないです。もちろん、ふだんから睡眠不足やストレスはできるだけ避けて、乾燥と紫外線から自分の肌を守る。

君島　紫外線で思い出したのですが、佐伯先生はタクシーの中でも日傘をさしてらっしゃるという伝説を聞いたことがあるのですが。

佐伯　そうですよ。タクシーに乗ったら、すぐ運転手さんに、日はどちらの方向から当たりますかと聞くんです。それで座る位置を決めますけど、どこに座っても日が当たってしまう場合は、ちょっとごめんなさい、と折りたたみの日傘を半分ぐらい開いて、日よけしてます（笑）。

君島　紫外線には私もかなり気をつけているほうですが、先生ほどは徹底していなかった……。

佐伯　季節にかかわらず、油断大敵です。意外なことに、12月、1月、2月の紫外線は強いのよ。

君島　空気がきれいだから。

佐伯　そう。富士山もくっきり見えるでしょ。私はフランスで買ってきた紫外線探知機を窓際に置いているの。紫外線が強いとチョウチョが回るしくみなんだけど、冬はチョウチョが回りっぱなし

です(笑)。

心のときめきも
強力な美容のエキス!

君島　ところで先生、私の肌はどうでしょうか?

佐伯　粉を前より少なくしていると先ほどおっしゃったけど、私はもっと少なくされたら、よりきれいな肌になる思います。それと、本当にお首が長くてきれいだから、大事になさってほしい。私は若いころ、巻き髪の似合うお姫さまのようなお顔や長い首にとっても憧れたのよ。

君島　首のケアはどうしたらいいんでしょうか?

佐伯　まぶたは一日まばたき2万回といいますけど、首は飲んで、食べて、しゃべって、運動量が多いうえに、神経、血管、リンパも集中している。負担が多いぶん老化しやすいの。で、首の皮膚組織にはコラーゲンとエラスチンが有効といわれていてネッククリームにはその成分が入ってます。フランスのメーカーなどの首専用のクリームを使うのがおすすめです。首の皮膚に弾力性が出て、シワもできにくくなりますよ。

君島　さっそく実行します! ほかのかたにも教えます。先生、私、美容に携わる仕事をさせていただいて、皆さんにきれいになっていただきたいという気持ちで発信していますが、皆さんのきれいになりたいという気持ちから、こちらもエネルギーをいただいている気がしています。

佐伯　きれいになるということは、お顔だけでなく、その人の人生が変わるんです。笑えるようになりました、人に会うのが楽しくなりました、と心から喜んでくださることも多くて、それが私たちの喜びになりますよね。美容の仕事というのは明るく健康的な人生のお手伝いだと思うんです。だから、お顔だけじゃなく、心も考え方もケアして、女性みんながきれいになって一緒に輝きましょう、という提案を続けていきたいですね。

君島　心も輝くといいますと、先生は福山雅治さんファンとうかがいましたが。

佐伯　そうです。最近、またすごくいい男になったでしょ。だけど、このごろ、瑛太くんや、嵐の大野くんも好みだと気がついたのよ。甘いマスクに低い声というのに弱いのよ(笑)。

君島　やっぱり、素敵な男性は……。

佐伯　心の美容液!(笑)

ボビイ ブラウン コスメティックス CEO 対談②

ボビイ・ブラウンさん

「生き方もビューティも、シンプルで確かな方法が人を幸せにします」(ボビイ)

十和子メイクの必需品、ボビイ・ブラウンのジェルアイライナーを誕生させたご本人とドキドキの初対面となりました。フレンドリーに、そして、明快に美容と人生について語るボビイさん。ナチュラルでポジティブな〝ビューティ哲学〟がボビイ ブラウン コスメのベースにあるのだな、と納得。家庭と仕事の両立の話なども参考になりました!

〝キレイ〟は比較するものではなくその人らしくあること

君島　はじめまして。お会いできてうれしいです。私はもともとメイクが大好きなんですけど、先日ボビイさんの本、『リビング ビューティー』を読んで、あらためてメイクはなんのためにするのかを考えるきっかけになりました。

ボビイ　まぁ、それはよかった!

君島　日本にいると、例えばまつ毛をあと何ミリ長くとか、眉の形をどう描くかということに、つい一生懸命になってしまうんです。でも、大事なのはそこではないですよね。

ボビイ　そう。細かいことにこだわることより、大事なのはインナービューティですから。

君島　ボビイさんのメイクは、ただきれいなだけではなく、その人自身のパーソナリティが出て、温かみや、親しみやすさが増すメイクですね。

ボビイ　その人のいいところを前面に出すようにしています。そうすると新鮮に見えますし、きれいになることで自信にもつながります。みんなが十和子さんみたいに美人であればいいけど(笑)、そうじゃない人もメイクをすることで自信が出てきます。つまり、〝キレイ〟は人と比較するものではなく、その人らしい美しさです。

君島　本当にそう思います。人と比較するものでもないし、若い時の自分と比較するものでもない。私は40代になって、気持ちや体調などがそろそろ今までとは変わってくる時期かなと思うんですけど、ボビイさんは、エイジングについて考えはじめられたのはいつごろですか?

ボビイ　3人目の子供を生んだのが41歳の時で、その時はまだまだ自分は若いと思っていたの。エイジングを感じはじめたのは47歳ぐらいかしら。自分の写真を見て、いったい何が起きてるの!?って(笑)。だけど、あまりナーバスになると、どんどんマイナスな気持ちになるので、考えすぎないようにしてるの。50代になった今も、自分は素敵に見える、と常に気分を高めています。

君島　40代以降は何が大事でしょうか?

ボビイ　一番大事なのはやはり食事だと思います。特に野菜をたっぷり食べること。タバコは吸わないほうがいい。適度な運動も必要です。常にポジティブな意識でいることも大事です。

Bobbi Brown

メイクアップと美容の分野で25年以上、第一人者として活躍。「ボビイ ブラウン コスメティックス」の創立者／CEO。著書に『ボビイ ブラウン リビング ビューティー』（ランダムハウス講談社）など

君島　美容やメイクではずせないのはどんなことでしょうか？

ボビイ　まずは正しいスキンケア。一年中、保湿することが最も重要です。次にコンシーラー。目の下に塗ることで驚くほど顔を明るく見せます。そして、目をきわだたせるアイライナー。この3つです！　シンプルでしょ？

必要は発明の母。ジェルアイライナーの誕生秘話

君島　アイライナーといえば、私はジェルアイライナーが大好きで、〝十和子メイク〟はこれなしでは完成しないんです。いくつ持っているか数えたら、12色持ってました（笑）。

ボビイ　すごい！　今日の色は……。

君島　エスプレッソインクです。

ボビイ　とっても似合ってる！　ちなみに、私がどうしてこのジェルアイライナーを思いついたか、知ってる？

君島　ぜひ、お聞きしたいです。

ボビイ　旅先で急に写真を撮らないといけなくなった時があったの。アイライナーを持っていなくて、困ったわ、これじゃ、目がくっきりしないわと思って、試しにマスカラをブラシにとってアイラインを入れたの。そしたら、バッチリ。一日中落ちなかったのよ。それで、これだわ！って思いついて、商品化に向けて改良を重ねて、ジェルアイライナーが誕生したというわけ。

君島　必要は発明の母、ですね。

日本の女性は自分の美しさに気がついていない!?

君島　ところで、ボビイさんはたくさんの日本の女性にお会いになっていると思いますが、メイクの印象はいかがですか？

ボビイ　すっぴん同然の人と、メイクアップしすぎの人がいますね。メイクはちょっと人工的な感じがします。ファンデーションをきっちり塗りすぎると、白く浮いて見えます。日本人の女性は肌もきれいで美しいのに、そのことを認識していなくて、西洋人みたいになりたいと思っているように見えます。

君島　若く見せたいという気持ちで、例えばキラキラのラメのメイクをして、それが人工的な感じ

になったり、ということもあるかもしれません。
ボビイ　アメリカにもそういう傾向はあります。若く見せるために美容整形をして、逆にちょっと変に見えてしまう人も多い。アメリカ女性のもうひとつの傾向は、自分の年齢らしさを出したスタイルです。私はそちらのほうが断然、好きです！
君島　年をとることを恐れたり、逆らったりしなくてもいい、という考え方ですね？
ボビイ　だって、経験を積んでいくことで、知識と自信を得られるのよ。そして、物も欲しがらなくなる。既に手に入れているから(笑)。
君島　確かに。若いころよりラクになることもありますよね。
ボビイ　そうよ。ちっともネガティブに感じることではないわ。

人生は学ぶこと。経験で得た自信が女性を美しくします

君島　毎日、お忙しいと思いますが、普段はどんなスケジュールですか？
ボビイ　朝6時に起床。カプチーノを一杯飲んで、新聞を読み、3人の男の子を起こし、ジムでエクササイズをして、仕事に行きます。ニューヨークで2日、自宅の近くのオフィスで2日仕事をして、残りの3日は家事をしたり、女友達とランチや買い物をして、バランスを取るのが私には大事なことなんです。
君島　3人の息子さん！　子育てにもたくさんのエネルギーが必要ですね。お仕事と家庭の両立が大変な時期はありませんでしたか？
ボビイ　今ももちろんむずかしい時があります。でも、どんなに忙しくても、家に帰ったら仕事のことはすべて忘れて妻と母親になります。夫がハッピーであれば自分もハッピーなので、ケンカを避けるために、常に、イエス、イエス(笑)。仕事より自分の人生のほうがずっと大事ですから、そういう切り替えは必要です。
君島　力強い言葉に励まされます。
ボビイ　人生は「学ぶこと」。うまくいかないこともあるけど、そこで得た何かのおかげで、次の試練を乗り越えられます。乗り越えると自信が生まれ、それが女性の美しさになります。落ち込んだ時は、運動とたっぷりのお水、それからおいしい一杯のワインで、気分転換すればいいんです。

真飛 聖さん

「誰よりも、自分たちが宝塚歌劇のファンなんです」(真飛)

子供時代、ひそかにタカラジェンヌを夢見た私ですが、オトナになってあらためて宝塚の魅力に触れますます愛情が深まるばかりのこのごろ。なんと、東京宝塚劇場内で、花組男役トップスターの真飛さんとの対談が実現しました! 至近距離で見つめられると、クラクラっと倒れそうになるほどの凛々しく美しい姿……。けれど、お話を聞くうちに意外な素顔も見えてきて……。

チケットを手にした瞬間からアドレナリンが放出されます

君島 今日はお会いできてうれしいです。舞台を見せていただいたばかりで、まだ興奮してます。

真飛 十和子さんが宝塚を大好きだということ、よくうかがっております。舞台から客席の十和子さんに気がついたこともあるんですよ。目がキラキラしてました!

君島 はい。たぶん、アドレナリンが放出されているんだと思います(笑)。チケットを手にした瞬間からときめきが始まって、見終わったあともたっぷり余韻に浸ってます。宝塚からもらううるおいとパワーは化粧品に負けないくらい「キレイ」に効くんです。先日拝見した(※)、真飛さん演じる『アデュー・マルセイユ』のシモン役もかっこよくて、ユーモラスなところも魅力的で素敵な男性像でした。真飛さんは、小さいころから宝塚を目ざしていらっしゃったんですか?

真飛 いえ、それが宝塚のことはまったく知らなくて。3歳ごろからクラシックバレエをやっていたので、バレエの道に行くんだなと思い込んでいたんです。でも、中3で身長が今ぐらいになって「トゥシューズで立つと男性ダンサーより高くなる、どうしよう。だったらパン屋さんになるのもいいかな」とか考えてる素朴な中学生でした。それが、中3の2学期の始業式の日、友達から「お願いがある。宝塚に入って!」っていわれたんです。彼女は夏休みに『ベルサイユのばら』を見て宝塚にはまってしまったらしいんですね。

君島 そのお友達、見る目があります。

真飛 私はムリ、ムリ、とかいったんですけど、宝塚の雑誌『歌劇』を見せられた瞬間に、私、ここに入る! っていっちゃったんです(笑)。その友達に連れられて初めて劇場に行きました。生のオーケストラによる歌劇、ということさえ知らなかったので、オーケストラの最初の音合わせから、もう感動しっぱなしで。

君島 わかります。こんな世界があったの!? って驚いちゃいますよね。

真飛 男役のかたがたにすっかり心奪われ、入学前までは、ファンとして熱心に劇場通いもしてました。

君島 入学後は自分の目ざす男役に向かってまっ

※原文はマリソル08年2月号掲載

Sei Matobu

神奈川県出身。身長169cm。初舞台は95年、『国境のない地図』。新人公演で『ベルサイユのばら』のオスカル役などを演じる。星組で活躍後、05年に花組に組替えに。宝塚歌劇団創立95周年 花組公演『太王四神記―チュシンの星のもとに―』で主人公タムドクを熱演

しぐら、という感じでしたか？

真飛　ところが、宝塚に入って自分がやるとなると、本当に悩みました。上級生の稽古を見ると皆さんかっこいいんですよ。キザなしぐさなんかもさりげなくキマる。自分を鏡で見ると、動きをつくろうとしたり、振り向き方なんかも大げさだったり、かっこ悪いんですね。もとの顔がいわゆる「男顔」ではないこともコンプレックスでしたし。真飛聖の男役って何？っていう自分の中での葛藤が、実は最近までありました。

一番のストレス発散は、舞台に上がること！

君島　星組から花組に05年に移られたことは転機になりましたか？

真飛　私が移った時の花組のトップの春野寿美礼さんは、私が入学前から熱烈に憧れていた男役さんで、あまりにすごい先輩なので、とても自分は春野さんみたいにはなれないと思ったんです。でも、一緒にやらせていただいているうちに、いつからか春野さんの隣に並んでも、どっちもかっこいいという自分になってやるっていう気持ちに変わっていったんです。それからは楽しくて仕方なくなりました。もとの顔が女っぽくても、舞台では〝すごい男〟を演じればいいわけで、そのギャップを自分でも楽しもうと。長い間、悩んだけど、だからこそ今があると思ってます。

君島　本当にそうですね。それにしても、連日の公演、体調管理は大変では？

真飛　以前は睡眠は8時間とか、気をつけていましたけど、今は特に決めていなくて。私、本当に好きなことをやってるじゃないですか(笑)、それが健康を支えている気がします。楽屋で椅子から立ち上がれないくらい、毎日、体力は使いきっているのに、疲れは残らないんです。

君島　筋トレなどはされるのですか？

真飛　トレーニングというより……そう、昨年の公演では舞台前のウォーミングアップに、ラジオ体操をやったりしてました。

君島　ラジオ体操、第一ですか？

真飛　第二も(笑)。先輩がテープをかけて音楽が流れると、みんなが集まる。まじめにやると効きますよ。公演前から、みんな汗だくです(笑)。

君島　宝塚の皆さんの肌がきれいなのはたっぷり

汗をかいて、代謝もいいからなんでしょうね。

真飛　舞台で発散して、ストレス知らずなのも、肌にいいのかもしれません(笑)。

君島　公演中は一日に4回ぐらいお化粧を替えられますよね？

真飛　落として、つけて、落として、つけて(笑)。つけっぱなしより、化粧替えをするほうが化粧のノリがいいですね。

誰よりもタカラジェンヌたちが宝塚のファンなんです

君島　宝塚は私にとって心の美容液で、希望と元気のもとなのですけど、真飛さんご自身のきれいのもとはなんですか？　心ときめくものや、はまっているものはありますか？

真飛　うーん、はまっているもの……？　あ、ありました、それは宝塚！

君島　なんて素敵な！

真飛　これでもかというくらい、どうやったらかっこよくなるかを、いつも考えてます。時間があると、ほかの組の公演を見て、うちの組だったらどうするかと考えたり。花組の楽屋でも、しょっちゅう「昔のあの作品のあの場面は」とかいってみんなでものまねをしたりしてます。私たち自身がすごい宝塚ファンなんですね(笑)。

君島　皆さん自身が宝塚を本当に愛してらっしゃる。舞台に立つ80人全員が本当に真摯でひたむきだから、見てる私たちはピュアなパワーを浴びることができるんですね。毎回、「私も頑張ろう！」と励まされます。

真飛　私たちも、お客さまから夢とエネルギーをもらってます。客席からの熱いキラキラした視線が私たちのコラーゲンです。

君島　今年から花組のトップになられますが、どんなお気持ちで臨まれますか。

真飛　これまで、一回一回、魂をこめてやってきて今があるので、そこは変わらないと思います。ただこれからは組をしょっていく立場なので、何事もあきらめず、まっすぐに取り組みたいと思っています。それと、あの役をこんなふうに演じるの？　と、いい意味で見る人の予想を超えた舞台にできればと思います。

君島　真飛さんカラーになる花組、楽しみです。今日はありがとうございました。

人々

美を進化させるためには、時にはプロの手を借りる必要があります。
ここでは私が尊敬する、美のプロフェッショナル4名をご紹介。
美のサポーターがいることは、私のキレイの原動力にもなります!

理想のネイルを作る、刺激しあう〝同志〟
ネイリスト 黒崎えり子さん

7、8年前、あるかたのフレンチネイルがあまりにきれいで、中華料理の円卓をはさんだ距離から目を奪われたんです。それで黒崎さんのことを知って以来の付き合いです。ネイルに関しては妥協せず、とてもていねいなのに、気持ちは男前で迷いがない。常に向上心をもってるところや、表裏のない性格、人との接し方などに人徳を感じ、彼女のほうが年下だけど、学ぶところが多いです。会えば必ず最新の美容情報を交換しあう、刺激しあう〝同志〟でもあります。

「エレガントなフレンチが永遠に似合う女性」

初対面の時、子供を育てながらこんなにきれいでいられるんだ! と感動したんです。私も出産しようと〝勇気〟をもらいました。フレンチネイルは白い部分の分量やラインで印象が変わるのですが、十和子さんはその時の流行を取り入れつつ柔軟にネイルを楽しまれています。(黒崎さん)

DATA クリアトゥール レヴィール 表参道ヒルズ店

東京都渋谷区神宮前4の12の10表参道ヒルズ西館B1 ☎03-5412-8855 11:00～21:00(日曜～20:00) 定休日は表参道ヒルズに準ずる
http://erikonail.com/

PROFILE

くろさき・えりこ●国内外のネイルコンテストで数々のタイトルを獲得。スカルプチュアを日本に広めた第一人者。現在、2児の母でもある

肌と人生を見守ってくれる母のような存在
エステティシャン 佐藤玲子さん

15年近くお世話になっています。あられもない姿を見せるだけでなく、私の人生を見守ってもらっているような、お母さん的な存在で先生の包容力に心身が癒されます。主人によると先生のマッサージを受けたあとは遠目からでも肌がしっとりしているのがわかるそうです。美容の仕事に携わる先輩としてもお手本。とにかく研究熱心でいいものがあると聞けば、香港でもヨーロッパでも飛んでいって試す。世間で話題になる前に先生はたいていチェックずみです。

「〝キレイ〟には息抜きも必要です」

十和子さんはまじめでひとすじに頑張る女性。見えないところで人の何倍も努力をしていると思います。40代以降の女性のキレイを支えるのは毎日のお手入れと家族の愛情。さらにスペシャルケアとリラックスもカギです。エステで時々、たっぷり息抜きをしてもらえればと思います。(佐藤さん)

DATA ラ・フラーム

東京都港区北青山3の13の3R's Aoyama ☎03-3486-0357 11:00～20:00(受付時間11:00～19:00) 月・火曜休 予約優先 フェイシャル・ベーシックコース75分¥13,650 **http://www.laflamme.co.jp/**

PROFILE

さとう・れいこ●常に最新の美容メソッドを取り入れ、その人に合ったアンチエイジングプランを提案。高齢者用施設を併設のエステを作るのが将来の夢

Column 4

十和子ビューティを作る

アンチエイジング肌の心強い相談役
皮膚科・形成外科医 寺島洋一さん

きっかけは女性誌の美容医療初体験という企画。先生はレーザー治療、光治療の臨床数が多く、パッと見てどういう光が有効か診断してくださり、心強く思いました。話題の治療を試してみたいといっても、必要のないものは、今やる必要はありません、とはっきりおっしゃる。そんな学者肌なところも信頼できます。今は3カ月に1度ぐらい、唇にコラゲナイザーでヒアルロン酸を導入したり、肌のキメ、色ムラを整える光治療のライムライトなどを受けています。

「このペースで行くとミラクル美肌の50代に」

40代で君島さんのようなきれいな肌は見たことがないです。専門用語がこれほど普通に通じる人もいない(笑)。人に見られる立場だという自覚、きれいにしておくのも仕事というプロ意識が高くて、努力を怠らない人。今のペースで行くと、奇跡的美肌の50代、60代になりそうです。(寺島さん)

DATA アヴェニュー表参道クリニック

東京都港区南青山3の18の16ル・ポワビル4F
0120-365-558　11:00〜20:00　無休
予約制　http://www.ao-clinic.com/
寺島先生はアヴェニュー六本木クリニックでも診察

PROFILE

てらしま・よういち●的確な治療とアドバイスで有名人の受診者も多い。趣味は骨董の屏風収集など。花鳥風月を愛する美意識が美容医療にも通じる

心から笑える歯に治してもらいました
歯科医師 山崎長郎さん

ずっと歯にコンプレックスがあって、以前の写真はいつも唇を合わせたおすまし顔でした。山崎先生に治していただいてからは心おきなく笑えて、生まれ変わった気分です。ほぼ2年間通院して、完治したのが07年。歯の色も少し透明になる先端の感じなどがとても自然なんです。高度な技術はもちろん、先生の美の基準や感覚に敬服しています。歯だけは自然治癒しないところですし、健康と美容に影響するので、今後もずっと頼りにさせていただきます。

「笑顔が一番きれいに見える黄金率の歯です」

美人が心から笑えないなんてせつないじゃない。奥歯はインプラントで適正なかみ合わせに。前歯はオールセラミック・クラウン。歯茎は口腔内からの自己移植で少し足したところもあります。顔の長さ、目鼻の配置に合わせて、笑った時一番きれいに見える黄金率の歯に仕上げました。(山崎さん)

DATA 原宿デンタルオフィス

東京都渋谷区渋谷2の1の12 パシフィックスクエアビル4F　☎03-3400-9405　10:00〜13:00、14:00〜18:00
土・日曜、祝日休　予約制
http://harajuku-dental.net/

PROFILE

やまざき・まさお●74年、表参道に開業。日本の審美歯科の第一人者。臨床のかたわら、国内外で学会での講演、勉強会など歯科の未来に尽力

Life Style

第6章
ライフスタイル編

「日々の生活こそ、キレイのもと！」

キレイになるには何が必要？ と質問されたら私はこう答えます。
「バランスよく食べて、気持ちよく体を動かして、
ワクワクする時間と、心からくつろげるひと時をもつこと」。
健やかでいきいきとした自分でいると、キレイとハッピーは
どんどん広がっていくのです！

Lesson 1

十和子の美人レシピ
「毎日食べているものが明日のキレイをつくります」

オトナの女性のダイエットは〝やつれて見えない〞が絶対必要！ 美肌と健康のために食生活で気をつけていることを紹介します。普段うちで作っている料理のレシピも公開！

タンパク質をとらないと肌はしぼんでしまいます

食べすぎれば太るのは明らかな事実。とはいえ食べる量を極端に減らすダイエットでは決してきれいにはなれません。よくいわれることですけれど、女性は〝上〞からやせていきます。頬のお肉が取れて、胸のボリュームが落ちる。でも、ウエストやヒップはなかなかサイズダウンしない。それに私自身の経験からでも、食べる量を極端に減らすダイエットは、お肌によくないことばかりなのです。皮膚の内側の細胞のコシが弱くなって、〝へたり感〞が出てしまいます。朝はそんなに気がつかなくても、夕方になると顔がしぼんで、まぶたやフェイスラインも下がってきて、疲れた表情に見える。肌が乾燥しがちになり、表情が動くとシワっぽく見えてしまう。体重を減らすことができても、やつれた印象になってしまっては、ダイエットに成功したとはいえない気がします。

あたりまえのことですけれど、肌も筋肉も自分が食べたもので作られます。だから、体に必要な栄養分を切らさないように、日々の食事をとる。そのうえで余分なカロリーは摂取しない工夫をする。そんな食生活を継続していくことが、美容とアンチエイジングに欠かせないことだと思います。

特に私が意識しているのは、タンパク質と油。油はダイエットの敵というイメージがあるかもしれませんが、油ヌキは肌の乾燥などの原因になってしまいます。オリーブオイル、亜麻仁《あまに》油、シソ油など、良質の油は私にとっては〝食べる美容オイル〞といってもよいかもしれません。

朝食は6時半から7時の間で、ヨーグルト、フルーツ、豆乳に青汁コラーゲンを混ぜたものというのが最近の定番メニューです。お昼は12時すぎごろ、会社の近くで外食することが多く、そば粉のガレットのチーズ焼きや目玉焼きのせだったり和食屋さんで海鮮丼ということもあります。うちにいる日の昼食は、ゴマたっぷりの、のりおにぎりと豆類と卵焼きなどの簡単なおかず。夕食は7時ぐらいで、ほとんどうちで食べます。午後の仕事中、夕食までの間におなかがすいた時も、お菓子や菓子パンではなく、小さなチーズや、「ソイジョイ」のような大豆粉で作られた栄養食品をつまむなど、意識的にタンパク質を補給します。

手早く作れて、満足感のある献立を工夫してます

実はお肉が大好きで、ステーキ、しゃぶしゃぶ、焼肉など、ひと月に3、4度ぐらいはお肉を食べに出かけます。ただし、お肉メインの食事が連日続かないように、ということは気をつけています。

うちでの夕食は、野菜をたっぷり、メインの料理は高タンパクで低カロリー、そしておなかをすかせた子供たちを待たせないよう、手早く作ることができる、というのがポイントです。

今回ご紹介するのは初夏のある日の夕食の献立です。和風のラタトゥイユは本当に手間いらず。脂身の少ないショルダーベーコンを使い、ポン酢でさっぱり味に仕上げます。カジキは、切り身で調理しやすく、一年中おいしいものが手に入りやすい点も重宝な食材です。豆腐花《トウファー》風のデザートは甘味の優しいきび糖を使います。簡単なわりには手作りのデザートは子供たちが喜んでくれます。オトナにとっても、楽しく食べたという満足感はバランスよく栄養をとるのと同じくらい大事なこと。食卓の幸せを大切にしたいと思っています。

Recipe

和風ラタトゥイユ(写真3)

●材料(2人分) なす2個　ピーマン1個　プチトマト10個　玉ねぎ½個　ショルダーベーコン100g　にんにく½片　オリーブオイル大さじ1　ゆず風味のポン酢大さじ2　白ごま適量

●作り方 ❶なすは縦半分にして、1㎝幅の半月切り。玉ねぎ、ピーマンもなすと同じくらいの大きさに切る。トマトはヘタを取り、半分に切る。ベーコンは1㎝幅に切る。にんにくはみじん切りにする。

❷オリーブオイルとにんにくを入れたフライパンを中火にかける。香りがたってきたら、玉ねぎ、なす、ベーコンを入れる。

❸全体がしんなりしてきたら、トマト、ピーマンを加え、軽く火を通す。

❹火を止め、ポン酢を加え、全体にからめる。

❺器に盛って、白ごまをふる。

豆乳の豆腐花風(写真4)

●材料(2人分) 豆乳30㎖　ゼラチンパウダー1袋　きび糖(またはてんさい糖)大さじ2～3　しょうがのしぼり汁小さじ1　メープルシロップ適量　新しょうが適量

●作り方 ❶豆乳ときび糖を入れた鍋を火にかけ、温める。

❷ボウルにゼラチンパウダーを入れ、大さじ1のお湯でよく溶かし、①を加える。

❸②の粗熱が取れたら、器に流し入れ、冷蔵庫で冷やして固める。

❹食べる直前に、しょうがのしぼり汁とメープルシロップを混ぜ③にかける。せん切りにし、湯通しして水にさらした新しょうがを飾る。

カッテージチーズのグリーンサラダ(写真1)

●材料(2人分) カッテージチーズ大さじ2～3　ルッコラ1束　クレソン1束　サラダ菜適量　A(エキストラバージンオリーブオイル大さじ4　レモン汁大さじ1　塩小さじ1　ハチミツ小さじ2　こしょう適量)

●作り方 ❶野菜は洗ったあと、水気をふき、食べやすくちぎる。

❷ボウルにAを混ぜ合わせ、カッテージチーズと①を加え、全体にからめる。

カジキのソテー(写真2)

●材料(2人分) カジキの切り身2切れ　塩・こしょう・小麦粉・オリーブオイル各適量　粒マスタード・白ワイン各大さじ2　ブラウンマッシュルーム2個　エリンギ1本　しめじ・えのき各20g　にんにく½片　パセリ適量

●作り方 ❶カジキに塩、こしょうをふり小麦粉をはたく。

❷きのこ類は食べやすい大きさに切る。にんにく、パセリはみじん切りにする。

❸フライパンにオリーブオイルを熱し、①の両面を焼く。

❹白ワインと粒マスタードを入れ、ひと煮立ちさせ、カジキにからませる。

❺カジキをマスタードソースごと、器に盛りつける。

❻フライパンにオリーブオイルを熱し、にんにく、きのこ類を炒める。塩、こしょうをふり、パセリをあえ、⑤の上に添える。

3 1

4 2

Lesson 2

時には着物で「着物選びには、女の人生観が表れると思っています」

着物には、美意識を刺激する要素がたくさん備わっています。
着物姿の〝格〟を上げる、清潔感のあるメイクと髪型のポイントも紹介します。

極上の肌ざわりと奥の深い楽しみ方に魅かれます

女優の仕事をしていたころは、着物を着る機会がたくさんありましたが、ここ10年ぐらいは娘の七五三の時と、夏に浴衣を着るぐらいで、着物を着る機会の少ない生活を送ってきました。でも、40代になったころ、また着物を着たいという心持ちになりました。着物のもつ優雅さは洋服にはないもので、日本女性ならではの美しさを引き出す装いです。私は縮緬《ちりめん》の着物がすごく好きなのですが、しっとりと体に添い、とろりと肌になじむその肌ざわり。ほんのりした温かさに包まれて異次元に連れていかれるような感じは、ほかのものにたとえようがありません。この極上のうっとり感が、女性をきれいに見せる気がします。

着物の奥の深さ、楽しみ方にも惹かれます。季節を楽しむということを知らないとまず着物も帯も選べませんし、着ていく場所と着物の格のバランスも大事なこと。それに、小物のコーディネートも含め、ひとつのストーリーを語るようなしゃれっけもオトナならではの楽しみだと思います。

例えば、今回の晴れ着。手毬の模様の着物に、玩具尽くしの帯。正面から見るとうさぎや鈴の模様で、あら、女の子らしいお正月。後ろ姿には、こまや馬や猫の玩具も加わって、〝楽しいお正月〟の気分がいっそう高まります。

着物上級者のかたがたは、わかる人にだけわかる小物合わせや柄合わせをさりげなく楽しまれるそう。着物のコーディネートにはその人の趣味はもちろん、人生観のようなものも投影される気がして、ちょっと恐ろしいことではありますが、だからこそ奥の深い楽しみでもある気がします。

洋服感覚で着物をカジュアルに着る楽しみ方もありますが、私はやはり正統派の着方が好きです。なによりも大事にしたいのは〝清潔感〟。足もとは白の足袋と白い鼻緒の履物。そこは譲れないところです。着物姿全体に清潔感が漂いますし、足もとの白は、ほどよい緊張感につながり、自然と背すじも伸びるような気分です。

髪型もきちんとした印象を与える素直なスタイリングが好みです。アシンメトリーにしたり、後れ毛をつくるなどすると、清潔感が減るような気がします。

(P.101)着物／銀座 萌　帯／竺仙　帯揚げ・帯留め・二分紐(参考商品)・
髪飾り／銀座かなめ屋　扇子／宮脇賣扇庵
(P.103)帯・帯揚げ・帯締め・クラッチバッグ／銀座 萌　髪飾り／銀座かなめ屋
扇子／宮脇賣扇庵　履物／小松屋銀座店　リング／ピアジェ

メイクは日本人形のイメージ。はんなりとしたベースメイクに、丸くふんわりとチークを入れます。洋服の時のように、顔の立体感をきわだたせるチークの入れ方や、暗い色のグラデーションなどのアイメイクだとやりすぎな感じになります。一方で、口紅はふだんより赤みの強いものを選ぶのがポイント。着物のボリュームと華やかさに負けない顔に仕上がります。

一枚の着物を帯と小物を替えて着こなす楽しみ

今回、私が着ているのは水浅葱《みずあさぎ》色の縮緬地に手毬の刺繍の付け下げです。暖色系の着物は持っているので、次はクリーム色か浅葱色がいいなと思っていたところです。付け下げはセミフォーマルの格で、帯との組み合わせしだいでさまざまなシーンに着ることのできる活用範囲の広い着物。スタイリストの秋月さんに2通りのコーディネートをしていただいて、あらためて、なるほど、と納得しました。

前のページのコーディネートは、ちょっとしたパーティや、新年のご挨拶などにおしゃれ着として。全体のトーンが明るくて軽やかで、遊び心のある帯の柄に、着ている私も楽しくなります。

同じ着物をフォーマルな装いにしたのが左のページのコーディネートです。金地に松竹梅の柄の袋帯に白×金の帯締めで、さらにぐっと格が上がります。結婚式の披露宴やレセプションなどお祝いの席にふさわしい正装になります。髪はボリュームのあるアップスタイルにして、口紅はより赤みを強くしてみました。アクセサリーも大ぶりのものがしっくりくるようです。髪飾りは白べっ甲にパール、大粒のパールのリングは人さし指にしました。すばらしい素材を重ねに重ねて醸し出される着物ならではのゴージャス感。着物から出ている顔と手と足というわずかな部分で、そのゴージャスさと上手にバランスを取ることも、着物の着こなしのポイントではないかと思います。

こんなふうに、帯や小物で変化をつけて長く大事にしていかれるような大切な一枚を、3年に1度、5年に1度でもいいので購入して、40代の楽しみにしたいものです。着物の格に負けない〝気〟と〝動き〟を身につけるためにも、袖を通す機会を増やしていければ、と思います。

Lesson 3

フラメンコ始めました！
「パンチのあるボディと未体験の刺激を求めて」

フリルたっぷりのスカートをはいた瞬間、女子力がわき出た気がします。
無心に踊ることは、自分の"発散"と"発見"にもつながります。

自分の常識をくつがえす新しい分野へあえて踏み込む

私の40代の目標のひとつに、"パンチのある立体的な体づくり"というのがあります。体づくりには、マシントレーニングやエクササイズなど、いろいろな方法がありますが、しなやかな筋肉をつけたかったのと、どうせならドキドキすることをやってみたいという気持ちになってダンスを始めることにしました。バレエや日本舞踊だと今までの私の延長上にある気がしたので、あえて選んだのがフラメンコ。これまでとは違う自分と出会えるかもという期待も抱きながら始めました。

さて、初めてのレッスン。フラメンコ用のスカートとレオタードに着替え、フラメンコシューズを履いて、鏡の前に立ちました。フリルたっぷりのスカートを身につけた時、日常から非日常にスイッチが切り替わった気がしました。衣装の力は偉大です。それだけで女子力をわき上がらせるものがあります。変身願望も刺激されるのかもしれません。柔軟体操のあと、基本の立ち方を教わって、さっそくサパテアード（ステップ）のレッスンが始まります。フラメンコシューズは靴底に釘が打ちつけてあり、靴で床を踏み鳴らす音があのフラメンコ独特のリズムになります。つま先だけで打つ。つま先で打って、かかとで打つ。足裏全体で打つ。その練習を、先生の掛け声に合わせてひたすら繰り返していきます。タンタッタ、タンタッタ、タンタッタ……。ほかのことは何も考えずに、ただ、リズムを打つことだけに集中する快感。音に合わせて踊るというのは人間の本能に組み込まれているのかもしれないですね。レッスンの最後に生徒が半分に分かれて、一方が踊って、一方が手拍子を打つというのがあったのですが、それがまた楽しいんです。私なんてちっとも踊れていないのに、踊りきったような気持ちよさ。すっかりフラメンコダンサーの気分で帰りました。

ちなみに翌日は、意外と脚の痛みはありませんでした。肩のつけ根や、首から背中など上半身に筋肉痛があり、体をねじると、イタタタという感じ。ふだん使っていない筋肉をフラメンコでは鍛えることができるんだなと実感。しかも、私が厚みが欲しいと思っている上半身にききそうということがわかって、ますますやる気が出ました。

十和子さんがレッスンを受けた先生
鍵田真由美さん

「鍵田真由美・佐藤浩希フラメンコ舞踊団」主宰。01年、『FLAMENCO 曽根崎心中』で文化庁芸術祭優秀賞、04年『ARTE Y SOLERA 歓喜』で文化庁芸術祭大賞受賞。国内外で高く評価されるフラメンコ舞踊家。主宰のフラメンコスタジオ「ARTE Y SOLERA」のレッスンなど詳細は http://www.arte-y-solera.com/

美しい姿勢をキープするのが最大のアンチエイジング

2回、3回とレッスンの回数を重ねていくうちに、自分の体に対する意識も変わってきました。これまで、自分では姿勢はそれほど悪くはないと思っていたのですが、実際は少し〝出っ尻《ちり》〟ぎみだったようです。レッスンの時に先生が、何度も「胸を立てて」とおっしゃる。それは、おなか側からと背中側からと同じ力で引き上げて、胸板を押し上げるという意味なのだそうです。肩は下げ、背中の左右の肩甲骨を近づけて、首は長くする。「光の中に立っている自分をイメージして。猫背で胸が縮んでいると、光は少ししか当たらない。胸が立って、広がっていると、当たる光が多くなる。それだけ顔が明るくきれいに見えますよ」

先生のその言葉にハッとしました。踊っている時だけでなく、これはふだんも心がけたいこと。体重の増減に一喜一憂するより、キュッとした姿勢をキープすることのほうが、よほどアンチエイジング効果があると思います。レッスンを受けている時以外も、「胸板、胸板」と、上半身に気をつけるようになったのは、うれしい収穫です。

フラメンコで一番大事なのはなんですか？と聞いた時の先生のお話もとても印象的でした。「今の自分から目をそらさないこと。自分の悪いところも、いいところも鏡でしっかり見ることから始まります」ということ。体験して、実感しました。目の前の鏡に、ごまかしようのない自分の全身が映るのですから。母でもなく、妻でもなく、ひとりの女性としての自分。踊るのに精いっぱいで、何も考えず、ただ自分を直視するしかない。まっさらな自分に戻れるこんな時間は、日常ではなかなかもてない貴重な時間だと思いました。

そして、踊りにはその人のキャラクターも出るのだそう。ふだんは恥ずかしがりやだけど、実は大胆なところがあったり、ふだんは生《き》まじめな印象だけど、踊るととても情熱的だったり。踊りは自分の〝発散〟や〝発見〟の場にもなるようです。さらにフラメンコは、〝女性らしさ〟がにじみ出てくるような踊り。しなやかで、強く、時には激しく、時には悲しみを秘めて。男性とは違うそんな〝強さ〟を踊りきるのがフラメンコ。その奥深さにも魅了されました。

Lesson4

東京の休日

「静かに自分を見つめ直せる贅沢な時間です」

年に数回、自宅から30分もあれば行ける都内のホテルに家族で宿泊します。
ゆったりと極上な時間を味わったあと、心も体もリフレッシュしている自分に気がつきます。

ホテルは「異空間」。日常から離れた、静かなひと時を

夏休みやお正月などの特別な行事というわけではなく、ちょっとお休みができた時に、あえて東京のホテルで過ごす。そんな時間をもつことが、ここ数年、私たち家族のリフレッシュの時間になっています。

夫婦そろって東京育ちのせいか、自然の中より都会にいるほうが、リラックスできるのかもしれません。自宅からわずか30分足らずの移動時間で、タイムスリップするように「異空間」に身を置ける。都内のホテルだからこそかなう贅沢です。

宿泊はたいてい1泊か2泊ですが、着替えは多めに持っていきます。昼間用の比較的カジュアルなもの、部屋でくつろぐためのもの、そしてディナー用。履き替えの靴は一足。家族4人分を合わせると、「この人たちは何泊するつもり?」という量になりますが、ホテルでのいろいろなシチュエーションを楽しむためには必要な量だと思っています。飛行機での旅行の時などはできるだけ荷物を減らすことを考えなければいけませんが、車で移動できる近場のホテルなら荷物の量を気にせず、心おきなくおしゃれができる。これも〝東京の休日〟の楽しみのひとつです。

着替えのほかに本やDVDも持っていきます。読みたいと思っていて、なかなか読めなかった本や、ゆっくりと眺めたかった写真集、何度も見たけれどもう一度見たい物語……。持っていったものを全部読んだり見たりできるわけではありませんが、「あ、私は今、こういうものを求めていたのね」と気づかされることがあります。キャリーバッグに詰めた荷物には、その時の〝自分の状態〟が表れるのです。

ホテルでの静かな休日は、日常生活で見すごしていたことを教えてくれます。高層ホテルからふだんの生活圏を見渡すと、「私はここを毎日右往左往して生活しているのね」と、自分を客観的に見ることができて、それも気持ちのリフレッシュにつながります。また、いつもと違う空間で、違う鏡を通して見ることでの新発見もあります。自分の姿を新鮮な目でチェックできるのです。メイクを少し変えてみようかしらなどと冒険心が出てくるのは、そんな時です。

1マチが深くて、サイズのわりにたくさん物が入るボッテガ・ヴェネタの白い革のキャリーバッグを愛用
2スパのトリートメントは「フットリチュアル（足浴）」からスタート
3コンディションに応じて作られるパーソナルトリートメント、〝アルティメイトボディトリートメント〟で心身がほぐされて至福のひと時
4室内では着心地が楽でシワになりにくい、ニットのワンピースを

ザ・リッツ・カールトン東京

「ミッドタウン・タワー」の地上3フロアと45階～最上階53階までの上層階に位置し、都心を眺望できる。全248室。施設／レストラン、スパ＆フィットネス、宴会場ほか
●東京都港区赤坂9の7の1東京ミッドタウン ☎03-3423-8000
http://www.ritzcarlton.com/ja/

ホテルのホスピタリティから学ぶことがたくさんあります

一流のホテルのホスピタリティ（おもてなしの心）に触れることも贅沢のひとつです。例えばアイロンを使いたいと申し出て、部屋に持ってきてもらう。そんな小さなやりとりの中にも、ホテルの人の誠意や温かさが感じられます。ホテルではサービスを受ける側ですが、逆に自分たちが人に何かをしてさしあげる場合の姿勢や心遣いなど学ぶことが多いのです。

ホテルでの朝食も好きな時間です。家族だけの室内や、宿泊客以外のお客さまも多い夕食のレストランと違って、主にほかの宿泊客と出会う時間。ゆったりと朝食をとるかたも多いので、意外と周囲から見られていることを忘れずに。素敵な一日の始まりを共有するのですから、心配りとして、さわやかなおしゃれをしたいなと思います。

また、ホテルに滞在中に受けるスパのトリートメントは、さらなる贅沢をもたらしてくれます。普段、街なかで受けるエステは最短の時間で目に見える効果を、というのが目的です。でも、ホテルのゆったりした時間の中で受けるトリートメントは、表面的なボディケアというより、体の奥の疲れや神経の疲れを芯からほぐしてくれます。

なかでも「ＥＳＰＡ」は特別です。香港のペニンシュラホテルとモナコのメトロポールホテルで体験して、すっかり魅了されたスパが日本で初めて、07年にザ・リッツ・カールトン東京に登場しました。

ヨーロッパのマッサージは基本的にソフトタッチなものが多いのですが、「ＥＳＰＡ」では、日本人が好きなツボ押しや経絡を取り入れたオリエンタルマッサージを行います。確かな技術で芯からほぐされて、満足度も大きいのです。計算しつくされた空間の取り方や派手すぎないインテリア、そして行き届いたこまやかさと温かさのあるサービス。独特のゆったり感と上質のホスピタリティに心から癒されます。

こうして日常から離れて過ごす1泊2日。〝旅行〟と呼ぶには、短いタイムトリップです。ホテルから一歩外へ出れば、いつもの日常が待っています。でも、そこには昨日とはどこか違う街と自分がいることに気がつくのです。

3

1

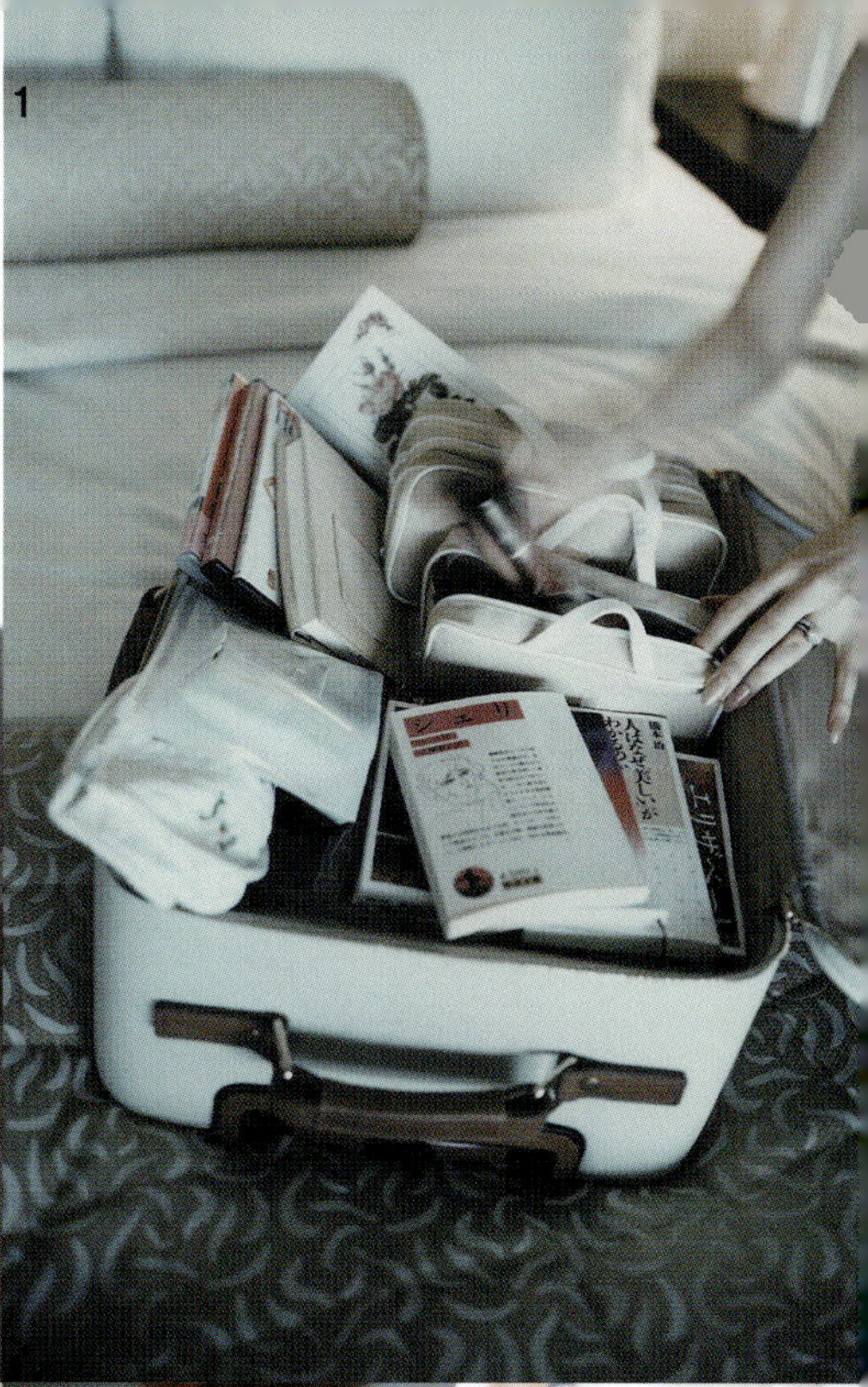

4

2

パワーと癒しをもらえるハワイは、女優時代から何度となく訪れている大好きな場所です。

結婚後も、年に1度のペースで、バケーションに出かけています。

ここでは私のとっておきスポットを、ちらっとご紹介！

Luxury Spa

おすすめのスパを2つ。ロイヤルハワイアンホテル内の「アバサ・ワイキキ・スパ」(写真上・左)と、ザ・カハラ・ホテル＆リゾート内の「スパ・スイート」(写真右)。ラグジュアリーな雰囲気の中で本格的なトリートメントを受けられます

ハワイ語で"天国の海"を意味する「ラニカイ・ビーチ」。もちろん日焼け対策は怠りません(笑)！

Column 5

Towako in Hawaii

海の見えるシチュエーションで食事を楽しめるのもハワイの醍醐味です。ザ・カハラ・ホテル&リゾートのメインダイニング「ホクズ」で、ゆっくりと時間を過ごします

ダイヤモンドヘッドの西側に広がる「カピオラニ公園」では、大地と大空のパワーを吸収しながら、野外ヨガを体験しました

カハラ・ビーチ(写真右)ではサンライズ、アラモアナ・ビーチ(写真下)ではサンセットを楽しみます

協力店リスト【第6章】

銀座かなめ屋　☎03-3571-1715
銀座 萌　☎03-5537-0591
小松屋銀座店　☎03-3571-0058
竺仙　☎03-5202-0991
ピアジェカスタマーデスク　📞0120-73-1874
宮脇賣扇庵東京営業所　☎03-5565-1528

Interview & Questions

第7章
インタビュー&50の質問

「君島十和子について、話します」

質問に答えているうちに、あらためて自分の"思い"に
気づくことがあります。心から願っていることは何か。
譲れない信念はどこにあるのか。どんなことが支えになって
いるのか。なぜキレイでありたいと思うのか……。
君島十和子自身による、君島十和子の解説です。

Interview

君島十和子という生き方

〝キレイ〟はエネルギー。生きる力と幸せを生み出す源になります。
そのことを広めていくのが君島十和子の使命だと思っています。

仕事への責任と緊張感が私を成長させてくれます

30代のころ、まわりの年上の女性、40代・50代のかたがたから、「40代は女性の充実期」と聞くことがよくありました。そのころはピンと来ませんでしたが、自分自身が40代になって数年たつ今、なるほどそうだな、という実感があります。

最近、一番強く思うのが、自分の役割や使命のようなものを自覚できると、それが〝強さ〟になるということ。20代〜30代前半までは、何かにつけてクヨクヨ悩み、悩んでいる自分にうんざりして、さらに落ち込むということがありました。でも、自分のやるべきことがはっきりしてくると、思い悩むより、それならばどうするか？と次の対策を考えることに時間をかけるようになります。そんな成長をさせてくれたのは、〝仕事の力〟が大きい気がします。

この数年間は、雑誌の誌面に登場して、多くの人の目に触れることで、自分自身を客観的に見る目が鍛えられました。発言することに関しても、責任が伴います。そのことを常に自覚していなくてはいけません。化粧品を作り出すという仕事においても、ただの思いつきでは周囲を混乱させるだけ。自分の熱意を、具現化するやり方も覚えました。

さまざまなシーンでプレッシャーはもちろんあります。でも、仕事を通して、妻や母としてだけではない〝君島十和子〟という顔をもつことができたことは本当にありがたいことです。せっかくこういうステージをいただいているのですから、君島十和子を進化させていくことが私の使命なのだと思っています。

化粧品や美容の位置づけも、自分の中で変わってきている気がします。新しい化粧品で自分だけがきれいになれば満足という気持ちは、まったくありません。自分が納得できる美容液を開発して商品化することが最終的なゴールでもありません。私のお届けした情報や化粧品の効果を実感してもらって、多くの女性に幸せを感じていただきたい。私の仕事の目標はそこにあります。仕事を続けていくほどこの思いが強くなっていることを、自分でも感じるのです。

子供の教育と仕事、時間の配分が大変です

皆さんのお目に触れている華やかなイメージの君島十和子というのも、もちろん私の一面ですが、自信をもって笑顔で人前に立つには、地に足をつけ、経験を蓄積していくしかないと思っています。そこを強化していくことが、今の課題です。

美容好きの人間が趣味で化粧品を作っている、というのではなく、今後、取り組みたいのは、日本人の肌本来の美しさを引き出していくような、化粧品の開発です。派手に目立たなくても、確実に根づき、長く愛用していただける化粧品を提供できたらと考えています。

化粧品を作るには、原材料の調達、処方、容器、法律的な手続きなど、多くの人とかかわって、折衝していく必要があります。熱意だけでなく、知識と力量がなければ、作りたい化粧品を作ることはできないので、もっともっと勉強したい、と切実に思っています。実際、いくら勉強しても時間が足りません。そう、現実的には時間の使い方が一番悩ましいところです。

子供が小さい時は、そばにいて食べさせ、遊ばせ、健康に育てることが大切で、母親としては体力を提供すれば、なんとかなりました。でも、子供たちが成長してくると、〝育てる〟の中身が変わってきますよね。こちらが話を真剣に聞いているかを見抜くようになります。心ごとしっかり子供に向き合うには、家に帰ったら仕事のスイッチは完全にオフにするべきかもしれません。そういう時間の使い方がこれからは必要になり、これがなかなかむずかしいところです。

涼しい顔で結果を出す。それが、女の意地です

家庭のこと、子供のことは後回しにして仕事が最優先と言いきれればラクだとは思うのですが、やはり私にとって家庭は一番大事にしたいもの。同時に、仕事も極めていきたいこと。大変だと承知しつつ、ぎりぎりのところで頑張り続けるのが私なのだろうな、と思っています。

読者からのお声を聞いたり、講演会などのアンケートを拝見すると、同年代の女性たちが、やはり同じような気持ちでいることがよくわかります。

結婚した時期が同じだったり、子供の構成が一緒だったり、なんらかの共通点に近しさを感じ、「君島十和子も頑張っているから、私も頑張ろうと思う」といってくださるかたが多いのです。私のほうこそ、皆さんの共感が励みになり、支えられています。「忙しい日々だけど、なんとか時間をひねり出して、みんな、頑張りましょう！」と私は運動部のキャプテンのような気持ちで声を出していきたいのです。

話はまったく変わりますが、昨日、ちょっとしたことで主人と意見が対立しました。若い時だったら、そんな時、けんかになって日曜日の夕方、家の中がいやなムードになったかもしれません。でも、今は、「そうね」と穏やかでいられる自分に気がつきました。身内であれ、うちの外でかかわるかたがたであれ、人の思いや状況というのは、自分の思いのままにはならないもの。通したい〝我〟はいったん大きく飲み込んで、乗り越えていけるのが40代の女性かなとふと思いました。飲み込んだ以上は、まるで何もなかったようによい結果を出す。そこは女の意地ですよね。40代はそんなふうに人間的にたくましくなっていく時期でもあるかもしれません。

美はエネルギー。生きる力と幸せを生み出します

そして、忘れたくないのが、自分の中に常に新鮮なものを取り込むこと。40代の初めのこの3年間では、フラメンコに初挑戦したり、久しぶりに和服を着たりという体験をしました。新鮮な体験をすると、自分の中で眠っていた感性も刺激されて、自分は何を求めているのか気がついたり、やりたいことがさらに広がったりします。それにドキドキ感はシンプルに女性をいきいきと輝かせます。そのことを自分自身でも実感しながら確信したのは、女性がきれいになる方法を探すことは、つまりは、さらにいきいきと輝く〝生き方〟を探すことなのだ、ということ。新しい口紅をつける。着たことのない色の洋服を着てみる。好きな香りを身にまとう。新鮮な高揚感が、私たち女性の生きるエネルギーになります。エネルギー源をたくさん見つけられる生活を、これからも追求していこうと思います。

それが、君島十和子の生き方です。

Questions 50の質問

Q1.
好きな季節は？
初夏。
自分の誕生日の5月末ごろの、夏の気配を感じる瞬間が好きです。「ここはカリフォルニアなの？」と思うようなポンと抜けた青空が大好き。心と体が軽くなります。

Q2.
好きな花は？
白いカサブランカ。
花としてのフォルムが美しく、一輪でも絵になるし、たくさんでも絵になり、心惹かれます。

Q3.
好きなスイーツは？
シュークリーム。
『ウエスト』や『クローバー』など老舗の昔ながらのカスタードクリームのシュークリームが好きです。あと、銀座千疋屋のショートケーキも大好きです。

Q4.
好きなフルーツは？
すいかと桃です。
次女がおなかにいる時、8月、9月の暑いころ、すいかしかノドを通らない時期があって。千葉県産の身の締まった味の濃いおいしいすいかをカットし、端からどんどん食べました。それ以来のすいか好きです。桃は、作家の林真理子先生がご実家のある山梨のお知り合いの果樹園から毎年送ってくださって、すばらしいお味なんです。当てにするようで、はしたないとは思いつつ、毎年、心待ちにしてしまうんです(笑)。

Q5.
好きな色は？
白、ベージュ、グレー、黒。
なかでも、ベージュは自分が一番落ち着く色です。

Q6.
好きな言葉は？
知的好奇心。
例えば、上野の美術館で薬師寺展が人気だと聞くと、「なぜ？」と知りたくなる。「だって観音像の背中が見られるんですよ」と聞いて、なるほど、と納得(笑)。知的好奇心があれば、興味や楽しみはいくらでも広がりますよね。

Q7.
落ち込んだ時はどうしますか？
熱いお風呂に入って、汗をたっぷりかいて、イヤな気分も一緒にデトックスします。それと、普段はいわないけど、主人に思いきり、「もう無理。何もできない。ヘトヘト」とかいいます。いった時点で、さて何をどうするか段取りを考えているんですけどね(笑)。

Q8.
東京で好きな場所は？
表参道と日比谷です。
表参道は会社のある場所ですし、結婚当初の住まいが原宿のマンションで、「私、原宿にお嫁に来ちゃったんだわ」と何か感慨深いものがありました。毎日のように表参道を歩いて、商店街にお買い物に行ったりしていました。日比谷は宝塚の劇場があり、かなり頻繁に通っている場所なので(笑)、愛着があります。

Q9.

最近、爆笑したことは？

おなかをすかせた子供たちに、早くごはんを食べさせなきゃと必死にカレーを作っていたんです。「あと5分でできあがるからね」といったら、次女がキッチンに入ってきて、**「あーいい匂い。カレー臭！　早く食べたい！」**って、思いきり深呼吸。〝かれいしゅう（加齢臭）〟をカレーの匂いのことだと思ってる⁉ と爆笑しました。

Q10.

最近、涙したことは？

泣いていない気がしますが……。あ、でも、テレビのドキュメンタリー番組には弱いです。頑張ってる人だったり、動物たちのドラマだったり、**つい感情移入してしまって、泣いてしまいます。**「ママがまた泣いてる」と、娘たちに笑われることがあります。

Q11.

どんな子供でしたか？ 子供のころの夢は？

特別何かに秀でた子ではなく、ちょっとお調子者で、体を動かして遊ぶのが好きな子でした。教会主催のガールスカウトで、みんなで協力して活動するのも好きでした。夢は、看護師さんになることと、

とにかく、お母さんになりたかったです。

Q12.

青春の一曲は？

中学時代、学校のオーケストラに入っていて高校の時もチェロをやっていたので、青春時代の思い出の音楽というと、**思い浮かぶのはクラシック音楽です。**曲名でいうと、『ルスランとリュドミラ』とか『ブランデンブルク協奏曲』など。必死になって練習したなぁと懐かしく思い出します。

Q13.

一番うれしいほめ言葉は？

可愛い。おもしろい。

Q14.

丸3日間、ひとりで過ごすとしたら、何をしますか？

今だったら、**韓国に行きたいです。**韓国美容の真髄を知りたいというか、足を踏み入れたい。サムゲタンを食べて、評判のエステにかたっぱしから行って、の3日間。

Q15.
毎日使うもので、長年愛用しているものは?
1000個限定で作ったハート形の手鏡です。
鏡の角度が調節できて、目じり、眉じり、フェイスラインなど、メイクの仕上がりに大事なポイントを客観的にチェックできます。愛用品でかつ、これがないと困る、必需品です。

Q16.
お手本にしている女性は?
たくさんいます。
仕事でお会いするかたがた、娘たちの学校の先生。それから、お手本であり心強い友達でもあるのがママ友達。「明日、学級費の集金日よ、忘れてない?」とか、こんなに頼りになる人たちはいないです。

Q17.
家事の中で苦手なのは?
窓ふき。
お天気しだいで、苦労があっという間に無になることがあるから(笑)。それに、窓ガラスに張りつくようにして、縦にふいていると、なんか船酔いみたいに具合が悪くなりそうで、苦手です。

Q18.
家事の中で楽しいのは?
洗濯です。
最近、洗濯機を新しいものに換えたんですが、とても賢いんです。すすぎは多めで脱水もしっかり、というふうに自分好みに設定できて便利。「フィルターをチェックしてください」とか「スタートしてよろしいでしょうか」などの音声ガイドの声がちょっと厳しめなところも、おもしろくていいんです(笑)。

Q19.
自分の体で一番好きなパーツと嫌いなパーツは?
一番好きなのはまつ毛。やっぱりこれがないと君島十和子にならないので(笑)。
嫌いなのは、後ろ姿。自分の弱いところをさらけだしているような気がするから。

Q20.
日本国内で旅行したいところは?
山口県。
風光明媚なところが多そうなので。京都もしばらく行っていないので、久しぶりにゆっくり歩いてみたいです。

Q21.
海外で好きな街は?
やはり、パリです。
車で通りすぎるだけの街角、歩きながら眺める街並み、ふと目にとまる街路樹や街灯、街のすべてが美しいから。見ているだけで、飽きることがありません。

Q22.
自分を動物にたとえると?
内面は犬だと思います。
見た目は猫っぽいかもしれないけど、犬種としてはビーグル犬でしょうか。狩猟犬や救助犬など、仕事を与えられたら、お役目を果たそうと頑張る犬。

Q23.
自分を漢字一文字で表すと?
十和子の「十」。
十は角と角を結んでいくと円になるので、角がないという意味と、満たされるという意味があるそう。そんな思いをこめて祖父が名前をつけてくれたそうです。

Q24.
親しい人からはなんと呼ばれている?
〝十和ちゃん〟
〝十和ちゃん〟といいます。

が多いです。おい、めいも私のことを〝十和ちゃん〟といいます。小学校時代からのお友達にはオトナになってからは〝十和さん〟と呼ばれています。

Q25.
これから君島十和子になる！という、ONとOFFはどうやって切り替えてますか？

ONとOFFであまり大きく違わないのですが。でも、例えば、イベントなどで人前でお話をする時はそれ用に、一日オフィスで過ごす時はそれ用に、その日の予定に合わせてメイクをしますので、

メイクをしながら、スイッチが切り替わってるのかもしれません。

Q26.
もし生まれ変わるとしたら、次は男性？　それともまた女性？

迷うことなく女性です。

今現在も毎日女性としての喜びを感じながら「女性」を楽しんでいるので、今度生まれ変わっても、絶対女性に生まれたいと思います。

Q27.
デパートで必ずチェックする売り場は？

化粧品と靴とストッキング。

ストッキングは意外に靴と同じくらい流行が表れるので、マメにチェックします。

Q28.
繰り返し見る夢はありますか？

舞台が始まっているのに支度が全然間に合っていないという夢をよく見ます。女優をしていたころにそういう経験をしたことは全然ないのに、なぜでしょう？　目が覚めて、ふー夢でよかった、と朝から疲れてます(笑)。

Q29.
初対面の人に会う時心がけていることは？

お互いが緊張しないこと。

自分が緊張していたら、相手に気持ちが伝わらないし、相手を緊張させてしまうと、こちらの気持ちが伝わらないから。緊張をほぐすための笑える話題などを頭の隅に置いて、お会いします。

Q30.
お礼状やカードで愛用のものは？

会社の近くのカード屋さんにオーダーメイドしている、オリジナルのカードと封筒を使っています。

Q31.
街で見かける、10代の女の子たちのメイクの感想は？

アイメイクは黒々とみっちり作り込み、素肌感は生かして、リップもグロスだけ、というように、メリハリのつけ方が心憎いほどうまいと思う女の子を見かけることがあります。10代ならではの可愛さを押し出していて、オトナはまねできないバランスです。

Q32.
自宅でお客さまをおもてなしする時、心がけていることは？

そのかたのイメージに合うお花とアトラクションを用意します。アトラクションといっても大げさなことではなく、一緒に見て楽しめるDVDや写真などですが。そこから話題が広がるものがあるといいかなと思います。

Q33.
ゲストとして招かれた時に心がけていることは？

用意してくださったものを存分に楽しむこと。私のことを考えて、いろいろ気を遣ってくださったのだと思うので。

Q34.

見かけると、つい買ってしまうものは？

歯ブラシ。

歯ブラシは1カ月使ったら新しいのに取り替えるとよいと聞いて。うちにストックがいくつもあるのに、新商品やよさそうなものを見かけたら買わずにいられません。

Q35.

怖いものは？

ハトです。 全体的なたたずまい、クルックルゥ〜とノドを鳴らす鳴き方、動き、目つきも怖い(笑)。

Q36.

平均的な一日のタイムスケジュールを教えてください。

5時半起床で、朝食の支度、洗濯、お弁当作り、洗濯ものを干し終わるのが7時半ごろ。朝の家事をしながらスキンケアもして、8時ごろまでに自分の身支度をすませます。そのあと掃除をして、会社か、撮影スタジオに行きます。午後、撮影がない場合は14時ごろに子供を迎えにいって、お稽古ごとに送っていき、会社に戻って仕事。そのあと子供を迎えにいって、帰宅。夕食の準備をして、家族みんなで夕食をするのがだいたい20時。子供たちが入浴して就寝後、こまごま片づけなどをして、23時までには寝るのが理想ですが、なかなかそうはいかなくて、いつも寝るのは24時ぐらいになってしまいます。

Q37.

占いは好きですか？

はい。雑誌の特集などに載っている複雑そうな占いも、表を見ながら自分の数字などを算出して、熟読します。でも、いいことしか覚えてないです(笑)。

Q38.

10年後はどんな髪型にしてる？

ボブかプラチナブロンド……？

でも、10年後というと50代だから、まだプラチナブロンドには早いですね。だとすると、今と同じような髪型かもしれないです。

Q39.

疲れのサインは体のどんなところに表れますか？

なぜか体の左側。

疲れがたまると左目の二重の幅が狭くなって目の下に影が出ます。吹き出ものも左側に出やすい。肩コリは自覚症状としては右が凝ってる気がするのですが、整体に行くと左が凝ってますね、といわれます。

Q40.

自分の長所と短所は？

思いきりがよいところは長所かもしれないけれど、裏返すと、熟慮が足りないという短所になっているかもしれません。

Q41.

ご主人からいわれる長所と短所は？

あらためて聞いたことはないんですけど、たぶん、まじめなところを長所だというのでは。でも、まじめさゆえに、まわりが見えなくなるところを短所だといわれる気がします。

Q42.

お守りにしているものはありますか？

主人の母からもらった数珠を出かける時もバッグの中に入れて、いつも持っています。よくつけているダイヤの指輪も主人の母からもらったものです。母が仕事で脂が乗りきっていた時期に自分で購入したものなのだそうです。私にはまだ不相応だと思ってしまっておいたのですが、「身につけてこその指輪よ」といわれて、つけるようになったら、仕事もうまくいくことが多くなったような気がします。

Q43.

ご主人のどんなところに惚れていますか？

バランス感覚。

今、なんでこんなことをいうのかな、ってわからない時がいまだによくあるんですけど(笑)。でも、あとになると、あのひと言をいってもらえてよかった、ということが多いです。

Q44.

娘さんたちに大好評のお弁当のおかずは？

長女はオムライス。ふたを開けると黄色！っていうのが好きみたいで、リクエストされることが多いです。次女はグラタン。冷凍食品を使うのは気が進まないのですが、友達のお弁当を見てどうしても冷凍の小さいグラタンが食べたいというので、試しに入れたら気に入ったようです。袋に書いてあるキャッチコピーのとおり、冷めてもおいしいらしいです(笑)。

Q45.

平日の昼間、急に2時間の自由時間ができたら何をしますか？

お礼状やお返事など、手紙を書きます。字に自信がないので、メールのほうが気が楽なんですけど、もらってうれしいのはやはり手紙だと思うので、できるだけ手書きで書くようにしています。

Q46.

最近、食べたもので感動したのは？

佐賀農協が出店している銀座の和食屋さんでいただいた有明ののり。とても香りがよくて、こののりだけで、お茶碗一膳分のごはんを食べきってしまうくらい、おいしいものでした。

Q47.

仲のいい女友達はどんな人たち？

性格は全然バラバラですが、

なぜかB型の人が多いです。

Q48.

母親として、娘さんたちに残したいと思っているものはなんですか？

自分らしい人生を見つけるためのバイタリティ。

Q49.

〝十和子オーラ〟の正体はなんだと、自分では分析しますか？

自分自身でいられて、こういう仕事をさせていただけることを、とても幸せだと思っています。仕事を続けてきて、少しずつですが自分が向上している実感もあります。

そういう〝幸せ感〟がエネルギーになっているのでしょうか。

Q50.

仕事に対しての信念は？

自分のできる最善のことを常にしていく。

最後まで読んで下さって
ありがとうございました。
〝キレイ〟を探していたはずが、いつの間にか
〝生き方〟を探していたことに気付きました。
見守ってくれた人々に、心から感謝して、
これからも〝キレイ〟を追い続けます。
私が、わたしであるために。
あなたが、あなたであるために。

Towako Kimijima

君島十和子
Towako Kimijima

きみじま・とわこ●66年５月30日生まれ。東京都出身。「JAL沖縄キャンペーンガール」としてモデルデビュー。ファッション誌の専属モデルとして活躍後、女優に。結婚を期に96年、芸能界を引退。現在は２人の娘を育てながら、フェリーチェ トワコのクリエイティブ・ディレクターとして活動。美容はもちろん、ファッション、ライフスタイルも多くの女性から支持され、雑誌等で活躍。著書に『エレガンス・バイブル』（双葉社）、『パーフェクト十和子スタイル』（KKベストセラーズ）、『インサイド・ビューティ』（マガジンハウス）、『十和子塾』（集英社）、『十和子 パリ・モナコ ビューティ・ハンティング』（阪急コミュニケーションズ）がある

本書は、雑誌『マリソル』2007年４月号～2008年９月号までの連載を訂正・加筆し、書き下ろしを加えたものです。

ザ・十和子本

2009年5月31日　第1刷発行

著　者　　君島十和子
発行人　　松崎千津子
編集人　　石渡孝子
発行所　　株式会社　集英社

〒101-8050
東京都千代田区一ツ橋2-5-10

編集部　電話　03-3230-6390
販売部　電話　03-3230-6393
読者係　電話　03-3230-6080
印刷所・製本所　大日本印刷株式会社

ISBN 978-4-08-907022-2

表紙撮影／玉置順子（t.cube）

撮影（人物）／玉置順子（t.cube）
益子祥徳（t.cube／P.13、21～23、63）
鈴木延行（P.56～58）
山下みどり（P.92～93）
撮影（静物）／那由太
西原秀岳（P.60～61）
野口健志（P.99）
ヘア&メイク／大越園子・古根丈史（ヘアーディグリーズ）
KUBOKI（Three Peace／P.81、83）
スタイリスト／大畑純子（料理／P.99）
秋月洋子（着物／P.101～103）
料理製作／村上有子（P.99）

取材・文／加藤ナオミ

DVD製作／DNP映像センター　ガイプロジェクト
スチール写真／玉置順子・斉藤裕也（t.cube）

デザイン／赤池優子（M.Y.デザイン）

構成／磯部安伽（マリソル編集部）

企画／マリソル編集部